阅读成就思想……

Read to Achieve

亲密关系与家庭治疗系列

依恋效应

为什么我们总在关系中受挫

[美] 彼得 · 洛文海姆 (Peter Lovenheim) 著
刘元 陈武 译

The Attachment Effect

Exploring the Powerful Ways Our Earliest Bond Shapes Our Relationships and Lives

中国人民大学出版社
· 北京 ·

图书在版编目（CIP）数据

依恋效应 ：为什么我们总在关系中受挫 / （美）彼得·洛文海姆（Peter Lovenheim）著 ；刘元，陈武译. -- 北京 ：中国人民大学出版社，2021.11
ISBN 978-7-300-29751-4

Ⅰ. ①依… Ⅱ. ①彼… ②刘… ③陈… Ⅲ. ①心理学—研究 Ⅳ. ①B84

中国版本图书馆CIP数据核字(2021)第230663号

依恋效应：为什么我们总在关系中受挫
[美] 彼得·洛文海姆（Peter Lovenheim） 著
刘元 陈武 译
Yilian Xiaoying: Weishenme Women Zongzai Guanxi Zhong Shoucuo

出版发行	中国人民大学出版社		
社　　址	北京中关村大街 31 号	**邮政编码**	100080
电　　话	010-62511242（总编室）		010-62511770（质管部）
	010-82501766（邮购部）		010-62514148（门市部）
	010-62515195（发行公司）		010-62515275（盗版举报）
网　　址	http://www.crup.com.cn		
经　　销	新华书店		
印　　刷	北京联兴盛业印刷股份有限公司		
规　　格	148mm×210mm　32 开本	**版　次**	2021 年 11 月第 1 版
印　　张	8.25　插页 2	**印　次**	2021 年 11 月第 1 次印刷
字　　数	200 000	**定　价**	69.00 元

推荐序

当彼得·洛文海姆第一次来找我，说想要旁听我在罗切斯特大学开设的人际关系课时，我爽快地答应了。我一直很欢迎校外人士来旁听，特别是那些年纪较大、拥有丰富生活阅历的朋友，他们可能会帮助我的学生开辟新的研究视角。我本以为彼得会像之前很多旁听的朋友那样，只来两三次，然后礼貌性地离开，但他似乎对我的课很感兴趣。他全身心地投入学习中，几乎每节课都会来。人际关系学是一个庞大鲜活的研究领域，很明显，彼得的求知欲没有那么容易得到满足。课后，我们常常约在星巴克咖啡店聊天，彼得会追问我一些问题。一开始，他的问题并不复杂，但他会将对“关系”的好奇与他受过的分析性新闻训练结合起来，对我的课程主题进行探讨。一次，连邻桌的一位女士都被吸引得加入了我们的谈话。

千百年来，人们不断探寻人际关系的奥秘，比如人际关系如何建立、发展和消亡，又如何引发生命中最有意义但也可能是最痛苦的时刻。在最早的历史记载中，人们都可以找到有关人际关系的规则和思想体系，但针对这一领域的科学研究却相对较新。据合理估计，相关研究大约起源于 20 世纪中期，在我看来，依恋理论无疑是目前该领域的最佳成果。

社会科学领域的各个理论更迭频繁，它们总是在刚出现时较为活跃，但随着时间的推移，一些理论逐渐过时，丧失主导地位，另一些更新、更好的理论便取而代之，但依恋理论并非如此。1982 年，当我在丹佛大学休假时，我第一次听说约翰·鲍尔比（John Bowlby）的依恋理论。那时，菲利浦·谢弗（Phillip Shaver）和辛迪·哈赞（Cindy Hazan）刚开始将依恋理论应用到成人的恋爱关系研究中，而在那之前，依恋理论主要关注婴儿及其照顾者。他们的开创性研究如同大爆炸一般，在人文科学领域引起了轰动，并产出了成百上千的研究成果。我一直在等待人们像对待其他理论一样，放缓对依恋理论研究的脚步，但是并没有；相反，直到现在，依恋理论研究的生命力和生产力仍有增无减。

依恋理论为何有如此强大的生命力呢？正如彼得所说，依恋理论总是能吸引学生。当我在课堂上讲到依恋理论时，甚至连平时最不爱学习的学生也开始集中注意力。依恋理论的主要论点很有说服力，少有理论能做到如此。它以一种在大多数哺乳动物中常见的简单行为为起点进行研究，然后扩展开来，再稍加一些因素，来解释人类在幼年时期与照顾者之间的关系是如何对其此后乃至一生的人际关系产生影响的。人们怎么可能不迷上这样的理论？依恋理论的观察既明智又敏锐，而且非常个人化——当听到一个关于依恋理论的解释时，我们很难不去想："是的，就是这样！"

在依恋理论中，科学家和实践者将严肃的、连贯的理论与人类生活中许多最重要、最深刻的问题相结合，从而使其获得了非凡的解释力。我保证依恋理论能为你的人际关系、情感生活等方面提供一个全新的视角。然而，这不是一本自助类图书，至少不是那种为你提供“通过 12 个步骤让爱和浪漫关系更持久”的方法的令人厌烦的手册；相反，这本书将加深你对人与人之间联系和分离的原因和方式的理解，并使你学会如何利用这些知识来改善人际关系。

我开始期待和彼得在星巴克咖啡店的不定期会面。在这里，我了解到彼得是一个十分敏锐的观察者，很执着，充满了好奇心。在学习了更多有关依恋理论的知识后，他的问题难度也自然而然地提高了。但是随着时间的推移，我发现了一些更有趣的东西。在接下来的内容中，你将和我一样发觉他是一个勇敢和坦率的人，他愿意袒露自己的人生经历，展示自己的想法和真实的人际关系（这大概是他早期焦虑型依恋风格的体现）。

在这本书中，彼得充分展现了他的这些品质，并将他从研究和治疗实践中获得的见解与他的个人经历结合在了一起——这些经历深刻地揭示了依恋理论的内容。我认为这不是巧合：依恋理论最有魅力的地方就在于它能让我们的人际关系和情感变得有意义。作为一位有天赋的作家，彼得把这种意义充分表达了出来。毫无疑问，抛开有关个人经历的描述不谈，这本书牢牢建立在有关依恋理论的科学研究和循证实践之上。相信约翰·鲍尔比看到这本书，也会感到欣慰。

哈里·赖斯（Harry Reis）

罗切斯特大学心理学教授

前　言

与所有的爱情故事一样，这段感情开始时很美好，但随后就变成了一段时断时续的糟糕恋情。简单地说，她想得到我无法做出的承诺，而我在寻求她无法给予的亲密关系。我已经记不清我们分分合合多少次了，她总是在说分手，大部分时候都是我在要求复合，但每次复合之后，新一轮的循环就又会开始。

这种情况持续了数年。

我们双方都为这段无疾而终的感情投入了太多太多，这是多么令人悲哀啊！为什么我们不能拥有完美的大结局呢？这对我们双方来说都是个谜。

但在彻底分手的几个月后，我偶然发现了一些让我大开眼界的东西。在去看望上大学的女儿时，我翻阅了她的心理学教材，在上面读到了一篇关于依恋理论的文章。在这篇文章里，作者描述了拥有不同依恋风格的两个人试图成为伴侣时通常会发生的事：

> 这对伴侣会慢慢变得极端化。焦虑型依恋风格的一方通常会很焦虑，要求获得更多的亲密感，而回避型依恋风格的一方通常却以沉默、退缩来回应。他们可能会经历无数次的分分合合。这种关系“易燃易爆”，充满了对抗性。通常情况下，回避型依恋风格的那一方会率先决定结束这段关系。

我当时不明白什么是“依恋风格”，对“焦虑型”和“回避型”的分类也不甚了解，但当我坐在女儿的宿舍里，接触了依恋理论之后，我突然茅塞顿开：我的前女友不愿打开心门，她在发生冲突时倾向于逃避，这符合回避型依恋风格的特点；而我需要情感上的亲密，会紧紧抓住一段感情，非常害怕独处，这也正符合焦虑型依恋风格的特点。

那本教材的作者还讲到，这种可怕的依恋风格组合在日常生活中很常见，甚至还有研究者把这种组合命名为“焦虑－回避陷阱”。除非这种组合的伴侣能够理解它并积极做出改变，否则他们的感情很有可能“不得善终”。

这个发现来得太晚了，已无法挽救我那段逝去的恋情，但却让我对这个被称为“依恋”的神秘事物产生了强烈的好奇心。

依恋理论最早由英国精神病学家、精神分析学家约翰·鲍尔比提出。第二次世界大战结束后，鲍尔比曾在孤儿院工作，他看到许多孤儿虽然得到了食物、有了住处，也拥有相应的医疗保障，但却没有茁壮成长，甚至很多还夭折了。当时，没有一种常见的儿童发展理论能够解释这种现象。

在接下来的几十年里，鲍尔比从进化生物学、行为学和社会心理学等不同领域汲取养分，发展出了依恋理论。简言之，依恋理论认为，由于婴儿出生时很弱小，所以他本能地想要寻求并依赖一名称职可靠的照顾者，这个人通常是母亲，但也可能是父亲、祖父母、保姆或其他能满足他们基本需要的成年人。

如果能够得到持续不断的关心和照料，婴儿就能产生情感上的安全感；如果不能，就会产生情感上的不安全感。

婴儿的需求能否得到满足，会对其发育中的大脑产生塑造作用，影响他日后的核心情感和人格结构，进而创造出一系列对关系的信念和期望，影响其在今后的人生中对各种关系的感受和行为模式——尤其是对恋人，但也包括其他所有人和所有事。这被称为“依恋效应”。总之，最初建立的依恋关系具有关键的决定性作用，其他关系无一能出其右。

对我们大多数人来说，这种早期的依恋经历通常发生在我们记事之前，一般是在两岁之前。但是，用鲍尔比的话来说，这段经历对我们“从摇篮到坟墓”的人际关系都具有强大的影响力。

这是因为依恋系统与生殖系统一样，是人类的基本组成部分。这是我们本能的生存方式。一出生，我们就会寻找能够保护我们并满足我们生存需求的人。成年后，我们会与一些我们爱的人维持关系，并依靠他们获得安全感和保障。这是我们与生俱来的需求，终其一生，我们都会不停地寻求满足。

世界各地的研究者都致力于理解并验证依恋理论，他们在很大程度上证实了鲍尔比的研究结果。每年都有成百上千的新研究取得成果。

精神病学家托马斯·刘易斯（Thomas Lewis）等人研究发现，在人生最初的几年里，我们就已经形成了有关人际关系运作的模式，存储了我们对爱的感受。最早的依恋关系非常重要，具有决定性，不仅会影响我们对待伴侣的方式，还会影响我们对待其他人的方式。

一些最新的研究证实，我们最早的依恋关系的影响远远超出了与家人和伴侣的亲密关系。事实上，它延伸到了各种关系中。在工作中，它会影响我们与同事和老板的相处方式；在体育运动中，它会影响我们与队友和教练的关系；在政治领域，它会影响我们的政治倾向和投票行为；它甚至还会影响我们的宗教信仰。

那些有幸成长于安全型依恋中的人，无论是在幼时还是成年后，都能够拥有更满意和更稳定的关系。他们觉得自己值得被爱和关心，拥有更强的自尊心；在对待他人时，他们往往更乐于付出，也更善于包容；在面临诸如个人疾病、所爱之人离世等困境时，他们会表现出更强的韧性。作为父母，我们能送给孩子最好的礼物之一，就是与他们建立安全型的依恋关系。

那些成长于非安全型依恋关系中的人可分为两种类型：回避型和焦虑型，他们在处理人际关系时会遇到困难，可能会遇到亲密和信任方面的问题。尽管如此，一项最新研究表明，非安全型依恋风格的人可能也具有其独特的优势。在这项研究中，被试被安排暴露在一个看似危险的环境中——一间因电脑故障而逐渐充满烟雾的房间，结果发现，高焦虑型依恋的人（这些人对危险特别敏感）首先察觉到危险的存在，而高回避型依恋的人（这些人看重独立自主）最先找到安全出口。

尽管大多数人一生都保持着早期的依恋风格，但这并不意味着依恋风格不可改变。运气好的话，通过与某个安全型依恋风格的人（老师、教练或是恋人）建立健康、长期的关系，或是通过自我反省和治疗，甚至通过养育子女，一些因早年忽视和照顾不周而形成非安全型依恋风格的人，可以转变成安全型依恋风格，研究者将此称为“获得性安全型依恋”。

如果你想快速评估一下自己的依恋风格，请参阅附录中的亲密关系体验测试。

对我来说，了解自己的依恋风格改变了我的生活。当我意识到依恋系统正在影响我的行为时，我可以改变或推迟我的习惯性反应，特别是在情绪化的状态下，以实现更好的结果。比如，在恋爱时，如果另一半在最后一刻取消了约会，有时我会发现自己不相信她所说的理由，或者对这种变卦反应过度，这些都是焦虑型依恋风格的人对关系中真实或想象的潜在威胁做出的典型反应。同样地，当我身体不适时，我很容易就会“灾难化”地设想最坏的后果，这也是焦虑型依恋风格的人在面对疾病时的典型反应。一旦我意识到我的部分反应源于非安全的依恋系统，我就会问自己：“事实是否支持我的反应？”通常情况下答案都是否定的。

不仅是我自己，从同龄人对孩子离家上大学、失业或亲人去世的不同反应，年轻朋友约会并试图找到合适的伴侣，到我已经成年的孩子追求事业、结婚和养育孩子的过程中，我都看到了依恋风格的影响力。了解人们的反应可能源于他们的依恋风格，可以让我们更加理解、支持和包容彼此，并找到更好的方式与他人相处。

我写这本书的初衷是尽可能深入地探究依恋理论，并帮助人们了解依恋理论是如何影响我们所有人的。这段探索旅程始于我自己的故事。我想要了解自己的依恋风格及其成因。为此，我拜访了世界各地多位依恋研究领域的顶尖专家。我探索了我与父母及其他早期照顾者之间的关系，以及这些经历可能如何影响了我最亲密的情感关系，所以，其中会有一些非常个人化的分享。

在了解了自己的依恋风格后，我便对其他人的依恋风格产生了兴趣。我与各种各样的人交谈，一旦他们意识到依恋理论的存在，他们就会告诉我依恋风格是如何影响他们的生活的，这些影响涵盖了恋爱、婚姻、育儿、事业、衰老、运动和政治等各个方面。

我了解到有些人增进了他们的人际关系，他们的工作和生活都得到了改善，具体包括：

- 一位母亲开始以一种能产生安全型依恋风格的方式抚养儿子（第 6 章养娃：与孩子同频的重要性）；
- 一对年轻夫妇通过求助一位受过依恋方面培训的治疗师，挽救了他们的婚姻（第 7 章婚姻：当爱破裂了，你该如何修复它）；
- 一位教练通过理解每位运动员的依恋风格来帮助他们达到巅峰状态（第 11 章体育比赛：依恋风格如何使实力较弱的团队逆风翻盘）。

我们还将遇到一些人，他们通过理解不同依恋风格的互动方式，使个人和职业生涯有所获益，具体包括：

- 两个年轻人利用依恋理论改善了初次约会时的互动方式（第 5 章恋爱：依恋风格如何影响我们在约会和分手时的表现）；
- 一家小企业的老板，其员工成功合作的部分原因是他们属于不同的依恋风格（第 10 章工作：依恋风格如何影响打工人的幸福感）。

此外，我们还将了解依恋风格是如何影响政治领导人及其管理能力的。为此，我对一位美国前总统候选人进行了一次成人依恋访谈，这是衡量成人依恋风格的最标准化的测验（第 12 章政治领袖：依恋风格如何影响政治家的领导力与民意）。

（除非另有说明，我在本书中提及的所有主要人物都是经本人许可后以真名出现的。在某些情况下，为了便于叙述，我调整了时间顺序。）

从这本书中，我希望读者不仅能了解到依恋是如何影响我们所有人的生活的，还能学到依恋是如何影响你自己的人际关系和生活的。在结语中，我列出了自己总结的最重要的 10 项依恋功课，你可以做一些实际、有用的事情来改善自己和身边人的生活。在附录中，你会看到一个关于依恋风格的测验，你可以据此大概了解自己的依恋风格。

如今，人们普遍认为，约翰·鲍尔比开创性的理论是儿童发展心理学和社会心理学的基础理论，事实上，它几乎是所有行为和社会科学的基础理论。美国马里兰大学著名研究员朱迪·卡西迪（Jude Cassidy）和加州大学戴维斯分校的菲利浦·谢弗认为依恋理论是“20 世纪和 21 世纪心理学中最广泛、最深刻、最具创造性的研究之一”；威廉玛丽学院的李·A. 柯克帕特里克（Lee A. Kirkpatrick）认为依恋理论是心理学领域最成功的理论之一；加拿大心理学家兼作家苏·约翰逊（Sue Johnson）的观点也代表了许多业内人士对鲍尔比的敬意：

> 无论是代表心理学家，还是仅代表我自己，如果我要颁发一个最佳创意奖给那些最有想法的人，那我会把这个奖项颁给约翰·鲍尔比，而不是弗洛伊德或其他任何从事心理工作的人。

2005 年，哈佛登山俱乐部在靠近吉尔吉斯斯坦和中国边界的地方攀登时，将一座海拔一万九千英尺①、积雪覆盖的山峰命名为约翰·鲍尔比山，给予了鲍尔比一项真正伟大的荣誉。

如果社会普遍对依恋理论及其含义有了更多的认识，那会发生什么呢？我认为，我们的文化完全错了，因为它不断地传递这样的信息：

---

① 1 英尺 ≈0.3048 米。——译者注

进化最高级的个体是那些独立的、不需要别人的个体。这种态度——“美国拓荒者牛仔都是孤独冒险家”迷思的残余——公然挑战了我们的生物学；相反，我们的依恋系统告诉我们，为了安全起见，我们总是需要与至少几个特别的人建立联系，只有通过相互依赖，我们才能成为最强大、最真实的自己。

然而，通过崇尚独立而不是建立联结，最终导致太多人要依靠自己生活，远离家人，与邻居也不来往，活在一种社交孤立的状态下。今天，据 CBS 新闻报道，四分之一的美国人表示，他们没有其他可以倾诉的对象。精神病学家托马斯·刘易斯和他的同事们观察到，“大量现代美国文化其实都是一项扩展实验，研究剥夺人们最渴望的东西会产生什么影响”。

在我了解依恋理论后不久，我遇到了哈里·赖斯，他是我的家乡纽约州罗切斯特大学的心理学教授。他告诉我，他很快就要教授依恋理论了，这是他即将开设的课程的一部分。他还告诉我，如果我愿意的话，他欢迎我去听他的课。

这是一个慷慨的提议，我迫不及待地接受了。这就是我探索之旅的开始。

我相信，人们对依恋如何运作的更深层次的普遍理解，会超越研究者和其他专家的看法，并让我们的生活变得更好，让我们所有的关系都变得更丰富、更令人满意。

目　录

第一部分　什么是依恋

第 1 章　老虎来了：依恋系统的起源

第二部分 我们一生的依恋

第 5 章 恋爱：依恋风格如何影响我们在约会和分手时的表现

第 6 章 养娃：与孩子同频的重要性

第 7 章 婚姻：当爱破裂了，你该如何修复它

第 8 章 友谊：亲密的朋友如何成为我们的避风港

第 9 章 衰老：依恋风格如何影响我们应对退休、疾病与死亡焦虑

第三部分 我们身边的依恋

第 10 章 工作：依恋风格如何影响打工人的幸福感

第一部分

什么是依恋

第 1 章

老虎来了：依恋系统的起源

每次去上哈里的依恋理论课程，我都会迟到。这是因为这门课程开始的时间，与我在附近一所大学教授的写作课结束的时间发生了冲突。即使我一刻都不耽搁，并幸运地找到停车位，最快也得在课程开始 10 分钟后才能赶到。所以，我得悄悄地从侧门进入那个圆形剧场般的讲堂，在后面找个座位坐下。

后来，我发现这竟成了我的一项优势，因为从教室后面，我可以清楚地看到全班大约一百名学生的行为动作，比如哪些人在专心听讲，哪些人在开小差。上课的第一天，我就注意到坐在我旁边的一个男生在查看他的电子邮件，一个女生在刷 Facebook，还有一个男生在看股票行情。

在上第一节课时，我的屁股刚挨着板凳，就听到哈里说："这个理论真是棒极了！”他身高将近一米九，声音低沉洪亮，说话慢条斯理，有一种淡定从容的气质。“依恋理论解释了大量不可思议的人类行为：关于我们的童年以及成年后的亲密关系，甚至贯穿我们一生中几乎所有的关系。”

当我意识到哈里是美国首屈一指的人际关系学专家，而他又恰好在我的家乡生活并教授依恋理论时，我兴奋地邀请他一起喝咖啡。在我们的会面进行到大概一半时，坐在邻桌的一位中年女士突然转向我们，几乎是大叫着说：“哇！我愿意付费向你们咨询！你们说得真是太对了，要是我年轻的时候知道这些就好了，那样我就不会那么悲伤了！”

奇怪的是，哈里似乎并不为她的插话而感到惊讶。

他告诉我，人们想听的这些关于依恋理论的内容，正是我想要理解和研究的。

我想了解自己的依恋风格，以及它是如何影响我的人际关系和行为模式的。我离过婚，之后又经历了一段长期的恋情。我希望通过了解更多依恋理论的相关内容，能够找到一份满意、稳定的亲密关系。后来，我的兴趣扩展到想要了解依恋是如何影响我们的生活和整个社会的：包括如何影响我们与家人、朋友的关系，如何影响我们抚育孩子、与同事相处、应对丧失的方式，等等。依恋理论能否成为深入理解我们行为和日常生活的关键呢？

在投影屏上，哈里播放着人类和其他动物的“亲子照”，父母们都呵护着自己的宝宝：一位母亲把她的孩子背在背上；一位父亲让他的儿子坐在自己的腿上；一位猫妈妈在照顾两只小猫咪；一只北极熊在用自己的身体保护着孩子。

“让我们先来看第一张幻灯片，”哈里说，“请注意，虽然它们属于不同的物种，但在成年照顾者与婴儿或幼崽之间，都存在一种紧密的、保护性的联结。”

教室里很安静，只有一百名学生在笔记本电脑上打字的声音。手写笔记的我好像是一个来自另一个时代的穿越者。

在接下来的幻灯片中，哈里又展示了一张黑白照片，照片里有一位英国中年男子，他穿着粗花呢运动外套，里面是一件羊毛衫，看起来身份很尊贵。

“第二次世界大战时期的英国，”哈里开始娓娓道来，“许多孩子的父亲都上了战场，而他们的母亲死在了伦敦大爆炸中，所以当时有相当多的儿童成了孤儿。当时，有一位年轻的英国心理学家和精神分析学家就在一所孤儿院工作，他的名字叫作约翰·鲍尔比。”

哈里把激光笔的红点指向那位看上去很尊贵的英国人。

“这些孩子的表现让鲍尔比深受打击，”哈里继续讲道，“他发现，虽然这些幼儿都生活在干净整洁的环境中，吃得很好，也得到了良好的医疗护理，但他们却没有茁壮成长。他们的体重都偏轻，而且总是闷闷不乐，甚至还有一些孩子夭折了。”

讲到这里时，坐在我前面的那个女生抬起了头，将注意力从 Facebook 转移到了课堂上。“鲍尔比还观察到一些别的情况，”哈里接着说，“他被这些孩子表达需要、哭泣的方式，以及盯着门口希望看到妈妈出现的行为震撼了，他称这些为‘搜寻行为’。他认为人类在这些行为模式上与其他动物是一样的。比如，当一只小猫或一只小狗看到一个可怕的人走进房间，它们会怎么做呢？它们会立刻跑到妈妈身边寻求安全感。”

恒河猴实验：绒布妈妈 vs 铁丝妈妈

哈里那天上课的时候没有提到，几乎就在鲍尔比发现失去母亲对孤儿的影响的同时，威斯康星大学的心理学家哈利·哈洛（Harry Harlow）在猴子身上观察到了一个相关的现象。后来他的研究影响了鲍尔比。

在哈洛最有名的实验中，他把一些刚出生的恒河猴宝宝和它们的母亲分开。然后，他让恒河猴宝宝们从两个替代的“妈妈”中选择：一个是用铁丝做的手里拿着一个奶瓶的“妈妈”；另一个也是用铁丝做的“妈妈”，但是外面裹着一层柔软的绒布，没有拿奶瓶。结果会怎样呢？哈洛发现，大多数时候，幼猴都会紧紧抓住“绒布妈妈”，每当它们感到害怕时，它们都会跑向“绒布妈妈”——它们只在“铁丝妈妈”那里喝奶。

“哈洛的这些发现震惊了当时的心理学界，”李·柯克帕特里克写道，“实验结果有力地证明了婴儿对母亲的需要并不仅限于对食物或乳房的需要或渴望；相反，他会自发地寻求身体的接触和舒适感，至少对恒河猴来说是这样的。”

婴儿与照顾者的互动如何塑造其一生的依恋风格

> 这世上再没有像婴儿这样的存在，当你试图描述一个婴儿时，你会发现你在描述一个婴儿和另外的某些人。因为婴儿无法独立生存，他本质上是关系的一部分。
>
> 儿科医生和精神分析师唐纳德·温尼科特（Donald Winnicott）

哈里在讲台上走了几步，面向全班同学说：“你们知道吗？马出生一两天就可以奔跑，这是它们的一种生存方式。我们人类却不行，人类的婴儿是地球上最孱弱的物种。在你生命的前七八年，如果你没有得到相应的照顾，那毫无疑问，你将必死无疑。如果老虎来了，你将没有任何生还的机会。”

哈里停顿了一下，扫视着全班同学。

“现在，假设你是一名婴儿，”他继续说道，“现在来了一只老虎，你如何才能逃生呢？如果你能找到一位照顾者，并与他建立亲密的关系，那他就会为你提供食物和庇护，当老虎来的时候，他就可以带你逃离危险。这是你唯一的生存方式。所以问题来了，你怎样才能找到那个照顾者，并与他建立亲密的关系呢？”

当他到处走动，试图找人回答问题时，我感到全体同学都紧张了起来。

“你怎样才能为自己找到一位照顾者，并与他保持亲密呢？”他又重复了一遍问题。

“你可以哭啊！”他大声说道，“当你哭泣的时候，你表达的意思就是‘有东西吓到我了，我想要有人来保护我！’”

“除了哭，婴儿还会做出其他‘搜寻行为’，”哈里解释道，“比如转过头去，用目光追随照顾者，并用手触碰他们。鲍尔比认为，婴儿的这一系列行为都是为了保持身体亲密，因为只有这样做，他才可能存活下来。”

换句话说，婴儿的这些行为并不是偶然出现的，而是进化而来的，它们能够帮助人类幼崽通过寻找和依恋一个有能力、可信赖的照顾者而生存下来。

哈里再次将手中的激光笔指向照片中那个穿粗花呢外套的男人。

“鲍尔比提出了一个深刻的理念，”他继续说道，“这似乎又是一个无比简单的观点，那就是存在一个进化系统，叫作依恋系统。”

“依恋系统是预先设计好的，”他解释道，“为了做一件非常简单的事情——建立和维持婴儿和照顾者之间的亲密关系。表现出这些行为的婴儿和能够对此做出正确反应的照顾者的基因将更有可能遗传给下一代。而那些不会这样做的婴儿则可能会说‘啊，可爱的老虎！’，然后妄图和老虎玩耍；还有那些更关心自己而不是去保护婴儿的照顾者，他们的基因则不会传递下去。”

“所以，这是一种非常简单且直接的进化性适应，”他说，“你们都具有这种进化性适应，而不需要去商店买一个叫作‘依恋系统’的程序。它是你与生俱来的，你出生的时候就已经安装好了。”

当哈里讲到这里时，一个坐在我旁边玩俄罗斯方块的学生抬起了头。

依恋对象：近在咫尺的安全基地和避风港

“当我们提到儿童有一个依恋对象时，”赖斯教授解释道，“意思是说这个对象（通常指的是母亲）能够发挥依恋系统的三个基本功能：第一个是‘保持亲近’，即儿童通过亲近照顾者来寻求安全和舒适；另外两个分别是‘安全基地’和‘避风港’，即儿童需要一个安全基地去进行探索，当他们感受到威胁时，能拥有一个随时提供庇护的避风港。”

无论是对儿童还是对成年人来说，真正的依恋对象还要符合另外两个标准：一是个体面对与依恋对象分离的威胁时会产生焦虑，通常还伴随着抗议（在孩子会哭的情况下）；二是个体失去依恋对象会产生悲伤。

哈里继续说道："婴儿的依恋系统就像雷达一样。当面对老虎或是饥饿的威胁时，雷达就会启动，婴儿就会想，'我的依恋对象来了吗？她足够细心吗？她能读懂我的痛苦，提供我所需要的帮助吗？'"

通常情况下，儿童有多个依恋对象。这些人可能包括父母、祖父母、哥哥姐姐或保姆。然而，从孩子的角度来看，这些人是不可互换的。儿童的依恋对象存在等级次序，会有一个特殊的主要依恋对象（通常是母亲）位于最顶端。李·柯克帕特里克指出，"如果儿童突然受到惊吓，那他的依恋对象会自动排序，儿童会率先冲向那个主要依恋对象"。

心理模式

> 在生命的最初几年里，儿童从他的关系中形成依恋模式，并将对爱的感受存储下来。
>
> 精神病学家托马斯·刘易斯等人

"鲍尔比相信，随着年龄的增长，"哈里接着告诉学生，"你会形成一种信念，即你能从重要他人那里得到什么东西——也就是说，你会了解到'给予我关爱的人与我建立的联结是怎样的。这些信念源于我们早期的依恋体验，大多发生在生命的头两年。一旦形成这种信念，儿童就会在大脑中创建一种会影响个体关系和行为模式的'心理模式'，这种模式不仅会在童年产生影响，而且会影响人的一生，用鲍尔比的话来说就是'从摇篮到坟墓'。"

哈里指出，正是这些心理模式导致人们婴儿时期的经历会影响成年后的行为。“这就是鲍尔比和弗洛伊德的不同之处，”哈里补充道，“弗洛伊德认为婴儿的脑子里有太多可怕的东西，例如，婴儿会对自己的母亲产生性欲依恋。但鲍尔比却不这么认为；相反，他认为母亲和孩子之间发生的真实互动才更为重要，通过这些互动形成的心理模式是婴儿的早期体验转化为持续一生的人格特质的关键。”

“这些早期的信念都涉及自我与他人的关系，”哈里继续说道，“我讨人喜欢吗？我是一个值得别人关心和珍惜的人吗？有人想要照顾我吗？当我亲近和依赖他人，在他们面前表现出脆弱时，我会感到舒服吗？当我需要别人的时候，他们会在身边支持我吗？”

“如果这些问题的答案都是肯定的，”他接着说，“婴儿就会产生安全感。”哈里大声地、夸张地深吸了一口气，就像在模仿一个婴儿刚刚被母亲抱着跑进山洞，避开老虎的威胁后如释重负的样子，“‘好吧，这没什么大不了的。我很好’，这会使婴儿产生一种不会再遇到危险的信念。然后雷达关闭，一切恢复正常。”

哈里解释说，如果一个人从童年时代起就相信他人会随时待命、随时回应，他就会认为“我能够信任并允许自己靠近他人，我不害怕亲密关系”。这就是安全型依恋。

“但是如果雷达系统不起作用，该怎么办呢？”哈里问道，“如果小孩子没有感受到称职和可靠的依恋对象的照顾，该怎么办？”在这种情况下，婴儿会产生两种防御反应。

“第一种防御反应，”哈里说，“如果当婴儿哭的时候，照顾者毫不理会，没有任何反应，就让他独自哭泣；对这个婴儿来说，没有人可以亲近，没有避风港，也没有安全基地，他可能就会认为……”这时，哈里把声音切换成一个受惊的婴儿，“没有人好好照顾我，为我处理威胁。我还是个宝宝啊，我甚至都不会爬。我只能留在这个照顾者身边，因为我别无选择，但我不会跟他太亲密，也不会有更多的抗议了，因为我发现这些都不起作用。”

“这个婴儿，”哈里接着说，“他的照顾者总是没有反应，这让他学会了沉默，避免与他人亲密。”这是一种非安全的“回避型依恋”。

而另一种防御反应，他说：“发生在照顾者行为前后矛盾的婴儿身上，这样的照顾者对婴儿的回应时有时无，有时在婴儿身边，有时又不在；有时会提供避风港和安全基地，有时又不会。这个婴儿就会想，‘我不知道如何才能让我的照顾者到我身边来。我不知道该怎么办；我觉得自己被抛弃了，所以我使出吃奶的力气让那个人过来’。”

“这个婴儿并没有关闭内心，”哈里解释道，“而是更大声地抗议和哭闹。他紧紧地抓住每次机会，竭尽全力表明他真的非常痛苦：‘我的天啊！你是我的照顾者，你必须得来照顾我！’”

这是一种非安全的“焦虑型依恋”。

从大量的研究中可以看出，在美国人中，大约 55% 的人的依恋风格倾向于安全型依恋，25% 的人倾向于回避型依恋，20% 的人倾向于焦虑型依恋。“这些结果都是相当稳定的。”哈里说道。

这些结果在世界范围内也普遍一致。研究显示，不同依恋类型在世界各地的分布都很类似，在西方国家和非西方国家、发达国家和发展中国家之间的差异都很小。

哈里关于心理模式的观点被柯克帕特里克博士总结得很清楚，他写道：“从本质上说，心理模式代表了儿童对以下问题的回答：‘我能指望我的依恋对象在我需要的时候及时回应我并提供帮助吗？’三个可能的答案是：‘能’（安全型）；‘不能’（回避型）；‘也许能’（焦虑型)。”

鲍尔比的童年也不是很幸福。他成长于20世纪初一个典型的英国中上层家庭，他和他的兄弟姐妹们很少有机会与父母接触。传记作家苏珊·范·迪金（Suzan van Dijken）写道：“就像英王爱德华七世时代大多数中产阶级的母亲一样，约翰的母亲把孩子交给了保姆和保育员照顾。”

心理学家、作家罗伯特·凯伦（Robert Karen）观察到，约翰·鲍尔比的母亲习惯以自我为中心，他的父亲则非常倔强固执。这对夫妻“对所有与情感有关的事情都持一种冷漠的态度”，他们几乎不见自己的孩子，将约翰和他的兄弟姐妹们全权交由保姆来照看，而那个保姆也是一个“有点冷漠的人”，但她却是孩子们生活中唯一稳定的照顾者。还有一些年轻的女孩是“保育员”，但她们都待不了多久。八岁那年，约翰·鲍尔比就被送到寄宿学校，后来他对妻子说，在那个年纪，他根本不愿意去寄宿学校。所有这一切在鲍尔比看来都产生了“持续的负面影响”。

我在鲍尔比的童年经历中看到了自己的影子。在我最早的记忆中，大约从三岁左右开始，我的父亲一早就要去上班。他和我一起吃完早饭就不得不离开，那时我的母亲和哥哥姐姐都还在楼上洗漱收拾。当他开车去上班时，我会跑到客厅，爬到面向车道的靠窗位置，对着窗户又踢又撞，尖叫着让他不要走，从外面看，我一定像块扭曲的粘在窗户上的口香糖。

直到我自己为人父之后，我才开始思考：我的母亲并没有外出工作，她一直待在家里，那为什么当我父亲早上离开时，我要发脾气呢？

课间，哈里和我一起喝咖啡。他穿着牛仔裤、羊毛夹克衫和登山靴。近距离接触，我感受到了我与他之间明显的身高差（他 1 米 9，而我只有 1 米 73）。我想问他关于早期童年记忆的事情以及它们可能与一个人的依恋史有什么关系——特别是我的。

“童年发生的事我都记得，”我向他吐露心声，“我想以此确定我的依恋风格。”我对母亲的记忆很少，有时父亲会照顾我，大我七岁的姐姐也会照顾我，就像鲍尔比一样，我家里也曾经有很多保姆，但是我记不住其中任何一个。

我承认：“我甚至不确定谁是我的主要依恋对象。”。

关于父亲，我的记忆是混乱的。我记得在我小的时候，他会背我上楼睡觉；我紧紧地抱住他，把我的脸颊贴在他的脸颊上，他的胡子在我的脸颊上肆意地摩擦，感觉很舒服，那是一天的结束。但他有时也会恐吓我。他说话十分刻薄，还打过我，我还记得有一次他拽着我的胳膊，一路把我从家拖到了幼儿园。

“我不知道这些加起来算不算得上一个避风港或者安全基地，我也不知道我属于哪种依恋风格。”我告诉哈里。

哈里提醒我说，我们最早对父母、家人甚至自己的记忆方式可能是错误的，我觉得这么说很有道理。我生养了三个孩子，我可不希望我的孩子仅通过几个偶然事件来描述他们的整个童年。

尽管如此，我还是觉得很奇怪，因为我能够回忆起的所有早年发生的事件，似乎都表明我对母亲或任何一个固定的照顾者都缺乏依恋。但时至今日，我都无法确定这些记忆是否准确。

幸运的是，我还有一丝机会去寻找答案。我的母亲早在六年前就去世了，但我的父亲尚在人世。他已经 95 岁了，就他的年龄来说，他的状态还是很不错的。虽然他只能拄着拐杖或助行器缓慢地行动，但他还能生活自理；他一个人生活，而且还自己开车，时不时还和朋友一起出去吃饭。最近他摔倒了好几次，但没有受重伤。他的思维依然很敏捷，最近几个月，他在众多书籍中挑选了一本多达 600 页的林登·约翰逊[①]（Lyndon Johnson）的传记和一本厚厚的讲述古迦太基历史的书来读。我父亲和他哥哥在经济大萧条时期创办了一家印刷厂，退休后，他毫无怨言地继续工作，一个人度过了很长一段时间。

哈里鼓励我明智地利用和父亲可能不多的相处时间，“考虑到你父亲与你早期的依恋关系，”他说，“如果有一天他不幸离世，你将会非常痛苦，希望你尽可能与他友好相处。要相信你可以从他那里获得任何你需要的信息，比如家庭故事或情感联结的依据——也只有他能解开你的困惑。”

不久之后的一天下午，我像往常一样去看望父亲。我看到了经常看见的一幕：在小书房的角落里，父亲躺在一张白色的皮躺椅上，电视开着，台灯亮着，报纸摊在他的胸前，他睡着了。

由于服用治疗心脏病的血液稀释剂，他的手背和前臂上的皮肤像纸一样薄，上面还布满了紫色的瘀伤。除了后脑勺和双鬓还有几缕灰白的发丝，他的头发几乎掉光了；他浓密的眉毛已变得花白，两只耳朵都戴着助听器，他的下巴和脸颊上依然留着亲切的“倒八字”胡须，尽管大部分胡茬都已经灰白。我轻轻地摇醒了他，聊起了那天的事。

“爸爸，”我说，“我想了解一些我小时候的事情，你可以告诉我吗？”

“什么事？”他问道。他的听力不太好，但他的声音仍然深沉有力。

---

① 美国第 36 任总统。——译者注

“我想问你几个问题。”我重复道。

“当然可以，你问吧。”

我问了他关于那个早晨，我沮丧地站在窗前，看着他离开的事情。

“我记得你又发脾气了，”他用平稳的声音说，“你对我不得不上班反应过度了。”他说的是“又发脾气”，所以我猜我肯定不止发过一次脾气。

“但是，”我继续问道，“当时妈妈不在家吗？”

“什么？”

我提高音量重复道：“妈妈不工作，她必须待在家里，对吗？”

“她确实在家，我让她在家照顾你们。”他说道。

我问他那次我发了多久的脾气，我猜他可能会说，大概几天或几周。

“我记得差不多有一年。”他说。

“哦，我的天啊！”

“你应该知道，你妈妈的身体不是很好。”

我母亲在 20 多岁时得了一种通常被称为轻度小儿麻痹症的疾病。

“我是家里的顶梁柱，”他继续说，“我背负了双倍的责任。我要哄你们上床睡觉，照顾你们起床，要养活一大家子人。但是我没有那么多时间，所以我不得不把你们都送去寄宿学校，自己好去上班。这是我们家当时需要各种各样的帮手的原因。

“我过去经常对你们几个孩子说，如果有一天我死了，请在我的墓碑上这样写：‘他不仅是一个父亲，还是一个母亲’。”

爸爸和我静静地坐了一会儿，然后他慢慢睡着了。我关掉台灯，把电视机调成静音。临别前，我轻轻地吻了他一下，把我的脸贴在了他的脸上，久违地再次感受到了那种痒痒的摩擦感。

父亲所说的“各种各样的帮手”，包括两位住家保姆。第一位是凯莉女士，父亲雇用她的时候，她已经快 70 岁了。她是在我出生后搬进来住的，父亲在阁楼上给她腾出了一个房间，但就在我一岁的时候，她突发心脏病去世了。于是我父母又请了另一位住家保姆赫本女士来代替她的工作。

我对这两位女士都没有什么印象。但我清楚地记得，在我三岁那年，曾因口吃问题和母亲一起去咨询过儿童心理医生。在心理医生的办公室里，我坐在一把很大的椅子上，努力地回答他的问题。然后心理医生让我在外面等着，他单独和我母亲谈了一会儿。几年后，我问母亲有关那次看心理医生的事，她说医生建议她和父亲解雇赫本女士，他们照做了。

“医生为什么让你解雇她？”我问道。

“医生说我们应该亲自照顾你，他说，‘这个孩子不知道谁才是他的妈妈’。”

当我参加哈里的下一堂课时，屏幕上的幻灯片宣布即将进行一场考试。但他在幻灯片上加了一张鬼魂的图片，上面写着“万圣节快乐”，这使得课堂气氛变得轻松起来。

“下周是我最喜欢的节日之一，”他宣布，“任何穿得符合节日氛围的人都将得到一定的奖励。”他低头看了看自己的笔记，停顿了一下，然后抬起头来，“可是，如果你就穿着正常大学生的衣服，那可不算哦。”

哈里复习了心理模式的相关概念，指出一旦形成固定的依恋风格，随着年龄的增长，“它不仅会影响我们在亲密关系中的行为，也会影响我们在许多其他情况下的行为。”

例如，他说，这个理论“完美地”适用于解释人和宠物的关系。

宠物？

“有些人与他们的宠物建立了联结……你可以安全地依恋宠物，也可以焦虑地依恋它们，至少我确实一直不知道该如何让那些萌宠喜欢我。你对宠物也可能是回避型依恋，毕竟它们并不关心发生在你身上的事。”

哈里让我们做一个心理实验。

“闭上你的眼睛，”他说，“试着回想一下你的父母或恋人（或前任），他们的哪种行为增强了你对他们的信任感，而哪种行为则可能会减少你的信任感。”

我立刻想起了我三岁左右时的一件事。我想自己穿衣服，但不确定哪只袜子应该穿在哪只脚上。当时我母亲在另一个房间里打电话。我大声地问她该怎么穿袜子，她回答说：“没关系，随便穿哪只都行！”但我觉得她这么说是在敷衍我，所以我最终没有穿袜子。

哈里播放了一张带有条形图的幻灯片，展示了在一项研究中，人们被要求迅速回想各个场景，结果发现，安全型依恋的人回忆积极场景的速度要快于回忆消极场景，但非安全型依恋（即回避型和焦虑型依恋）的人回忆消极场景的速度更快。

“这些心理模式的作用就是确保某种信念和期望每次都能在第一时间呈现出来，它们总是出现在我们的意识顶层，很容易产生作用，”他解释道，“就像计算机的操作系统一样，掌管着一切，绝不让计算机做任何它不喜欢的事情。”

接着哈里又播放了一张标题为“成人的依恋风格”的幻灯片。幻灯片展示了两个坐标轴，一个是“回避”，另一个是“焦虑”。

“事实上，我们现在已经不再进行严格的分类了，”哈里补充说，“那些落在坐标轴内的人，有的是低焦虑高回避型，有的是高焦虑低回避型，那些在两个坐标轴上数值都很低的才能被称为安全型（如图1–1所示）。”实际上，有些人的回避和焦虑程度都很高，属于“混乱型”，他们往往在小时候经常被忽视或虐待。“这当然是最糟糕的一种类型。”他说道。哈里很了解他的大学生听众，他说接下来他会总结依恋风格是如何影响成年人的恋爱关系的。

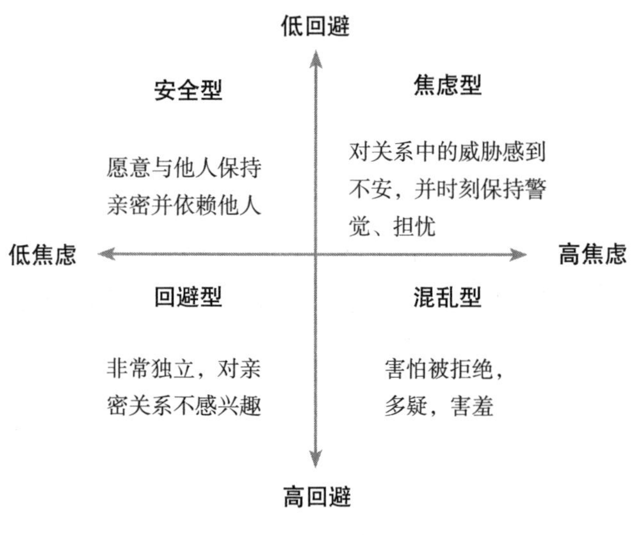

图 1–1　依恋风格维度图

你属于哪种依恋风格

> 母亲怀里的人和爱人怀里的人，都有一根线连接着。
>
> 心理学家西奥多·沃特斯（Theodore Waters）

安全型依恋

哈里解释说，那些在童年早期拥有可靠和称职照顾者的人能够形成安全型依恋，他们通常能够享受亲密关系。他们愿意信任他人，并允许自己脆弱。他们相信别人本质上是好的，行为是善意的。在一段恋爱关系中，他们期待伴侣也能给予爱和回应。他们对拒绝不太敏感，也不害怕被抛弃。如果一段关系失败了，他们也能保有足够的自尊，相信自己会找到另一个相爱的人。

在面临诸如疾病、失业、亲人死亡或自己死亡的恐惧时，这些人也能更好地调整自己的情绪。例如，在生病的时候，安全型依恋的人往往对自己的健康状况持较客观的态度，对医生和治疗抱有信心，能正常应对身体的虚弱，把注意力放在身体康复上。

哈里总结道，童年时期能够形成安全型依恋的人是非常幸运的，这些人通常会是最佳伴侣。“所以，如果你是非安全型依恋的人，那你可以找一个安全型依恋的伴侣，”他建议，“那你就多了几分幸福的可能。”

回避型依恋

哈里说，如果照顾者比较冷漠，对孩子的需求毫无或很少做出反应，那这个孩子在成年后就会说“我不喜欢和别人亲近。我觉得很难信任别人，也不愿向他人敞开心扉。伴侣总希望我变得更加亲密，而这让我感觉很不自在。”

“这类回避型依恋的人，”哈里说道，“在人际关系中很少付出，也不太关心他人。他们通常会说‘亲密关系什么的都是废话’。他们坚信‘自力更生’，认为人们应该拥有自己解决所有问题的能力。他们也不喜欢自我表露，且不赞同他人这样做。在社交场合，他们可能很有魅力，但这种魅力通常是以一种‘高冷’的方式散发出来的。当回避型依恋的人处于一段情感关系中时，相对来说，当他们的伴侣需要支持时，他们不太可能给予支持，而当与伴侣发生冲突时，他们则倾向于逃避。”

在情绪调节方面，无论是生病、失业还是痛苦，回避型依恋的人都倾向于否认自己对危险情况的主观感受，他们习惯了自己去应对这些状况，而不是依靠他人的帮助。

焦虑型依恋

那些在童年早期接受不一致照顾的个体，成年后可能会非常渴望亲密关系。但与此同时，他们又时刻警惕着各种威胁，时刻担心会发生什么不好的事。“焦虑型依恋的人，”哈里解释道，“他们通常会这样说，‘我担心我的伴侣不想和我在一起；我发现其他人不愿意像我想的那样与我亲近；我想要和对方亲密无间，但这种渴望有时会把人吓跑’。”

他接着说道：“很多焦虑型依恋的人对此的解释是，‘当我想要母亲安慰我的时候，她没有出现，或者说至少我不能指望她来，这导致我认为自己肯定不是很可爱，因此，我必须时刻保持对他人的密切关注’。焦虑型依恋的人对亲密关系的渴望中还有一种‘来我这里，走开’的推拉特质，这反映出他们对维持关系的强烈需求，但同时，他们也因这种需求没有得到满足而缺乏安全感，从而产生怨恨。他们很容易对伴侣吹毛求疵，当伴侣表现出一点点不专注时，他们就会感到失望或被拒绝。他们经常把关注点放在这些事上，经常全神贯注于此。”

“‘就是这样的！不！不是这样的！’——这种情绪的大起大落、对建立关系的强烈需求，以及同时又对不安全感感到不满，让焦虑型依恋的人形成了这样一种依恋特征—— 一种普遍的矛盾感。”

当面临生存威胁的时候，焦虑型依恋的人往往难以调节他们的情绪。例如，当面对所爱之人的死亡时，他们会比其他人悲痛得更久、更深切。当他们生病时，他们会拼命地希望有人“能够让情况好转”，但同时却把事情变得更糟——想象可能发生的最糟糕的结果，并且很难信任自己的医生。

依恋风格会遗传给下一代吗

> 先天基因可以决定你牌堆里的牌，但后天经验决定了你怎么出牌。
>
> 精神病学家托马斯·刘易斯等人

在讲课过程中，哈里提出了一个问题：“依恋风格是否有可能是遗传的呢？”我相信很多人都在思考这个问题。

“这是一个好问题，”他说道，“但我们认为基因虽然是影响依恋风格的一个因素，但并不是决定因素。”他谈到了“交叉培养”实验。“你可以用一只有焦虑基因的老鼠做实验，”他继续说道，“如果这只老鼠是由安全型依恋的母老鼠养育的，那它究竟是会和母老鼠一样拥有安全型依恋，还是依照基因表现出焦虑型依恋呢？”

哈里解释说，焦虑基因是 5－羟色胺转运体的受体之一，这是一种与焦虑和抑郁有关的基因，因为它可以调节神经递质 5－羟色胺的摄取。他继续说：“我们发现是照顾者的高度焦虑和焦虑基因结合产生了最焦虑的后代。”

“照顾者的某些行为似乎会激起儿童的焦虑感，让其变得更焦虑，”哈里说道，“听着，大脑回路在我们出生时具有一种灵活的可塑性，它们已经准备好以任何经历过的联结方式建立联结，但之后就慢慢不是如此了。因此，照顾者们做的某些事可能会促进或阻碍这些大脑回路的发展。”

实际上，尽管付出了巨大的努力，但研究者在人们的依恋风格和基因之间并没有找到明确的联系。而且，在一项研究中，研究者对 250 多万人的基因组进行了研究，结果发现，二者之间不存在显著关系。

非安全型依恋也有优势

哈里指出，虽然安全的依恋关系可能是一个人找到伴侣并维持一段长期稳定关系的最佳途径，但也不必把非安全的依恋关系看作一种障碍，甚至认为其会将终生关系引入地狱。毕竟，如果超过一半的人都属于非安全型依恋，我们就应当认为它在进化方面具有某种优势。

事实上，在婴儿期，不安全感是可以适应的：对于处在糟糕的人际关系中的孩子来说，焦虑可以起到保护作用，有助于其从母亲或照顾者那里获得关注；而对于回避型依恋的孩子来说，回避可以让其避免因被拒绝而受伤。在这些情况下，“焦虑”和“回避”两种选择都比继续做一个安全型依恋的孩子更有意义。

此外，最新的研究表明，对成年人来说，回避型依恋和焦虑型依恋都可能给个体和社会带来好处。

举个例子，以色列研究者蔡奇因 – 道（Tsachi Ein-Dor）等人提出，在人类早期的定居点中，焦虑型依恋的部落成员对威胁的早期征兆十分警觉，他们扮演着“哨兵”的角色，提醒其他人注意危险。而那些自力更生和独立行动的回避型依恋者扮演了“快速反应者”的角色，他们会采取果断而冒险的行动来保护部落。

在个体层面，非安全型依恋也会带来一些好处。回避型依恋的个体会自力更生，能够在不与重要他人接触的情况下发挥作用，在需要独自旅行或长时间独立工作的情况下，他的表现尤为出色。而且，如前所述，焦虑型依恋的人通常对危险十分敏感，他能够负责早期预警的工作，即发挥所谓的“哨兵”功能。

顺便说一句，焦虑型依恋的人往往对情绪环境高度敏感，因此在作家、音乐家和其他通过艺术来表达人类境遇的职业中，焦虑型依恋的人所占的比例可能很高。例如，你可以回想一下约翰·列侬（John Lennon）的歌曲《母亲》（*Mother*）开头的歌词：“你拥有我 / 但我从未拥有过你。”是的，这句歌词与保罗·西蒙（Paul Simon）的歌曲《爱如磐石》（*Loves Me Like a Rock*）中对母亲坚定不移的赞美形成了鲜明的对比：“我的妈妈爱我，她爱我，她跪下来拥抱我。”

哈里准备结束讲课，“那么，一旦你是非安全型依恋，你的依恋风格就会就此定型吗？”他说道，“答案可以说是，也可以说不是。”

说是，是因为正如鲍尔比所说，依恋心理模式“倾向于保持稳定”。目前，据估计，具有稳定依恋风格的人占比最高可达 70%~75%。哈里解释道：“这意味着如果我们把人按依恋风格分类，那 70%~75% 的人将在一生中保持同一种依恋风格。”

获得性安全型依恋是怎么回事

当同学们纠结于自己的依恋风格时，哈里试图让他们理解一个叫作“获得性安全”的概念。他环顾了一下四周，发现所有学生的注意力都十分集中。哈里解释道：“如果你的原生家庭表明你应该没有安全感，但你却拥有，这就是‘获得性安全’。”

获得性安全可能来自两个方面：其一，与一个非照顾者建立一种牢固而有意义的关系，这个人在某种程度上替代了照顾者的角色。在儿童或青少年时期，这个人可能是阿姨或叔叔、养父母、老师、导师或教练。在成年后，则可能是恋人或一段成功、稳定的婚姻中的配偶，也可能是一位心理医生。哈里解释道：“这些人和你之间肯定有过一段令人难以置信的、对你造成深远影响的经历。”

其二，获得性安全可能来自对自己经历的深刻反思和有意义的探究——通常是在治疗师的帮助下——这会让自己确信，“是的，我早期的经历确实很糟糕，但也许我可以做得更好。”

哈里说，获得性安全通常来源于一段牢固、有意义的关系和个体洞察力的结合。

“获得性安全型依恋的人本来可能生活得很糟糕，但他们通过一些人生经历获得了安全型依恋，”他补充说，“在某种程度上，这个人仍然是焦虑型或回避型依恋的人，但他知道该如何应对自己的依恋问题。”

眼看就要下课了。

哈里抓住最后一点时间说道：“但是，一个比‘我能改变吗’更好的问题是‘就我的依恋风格而言，有没有什么方法能够让我在生活中避免一些糟糕的事情？’答案是肯定的。你可以学着推翻那些设定好的模式，即使你无法改变自己的依恋风格，但通过意识到它的影响，你也许能够改变结果；如果结果可以被改变，那谁还会在意你的依恋风格实际上是哪一种呢？”

我环视了一下周围穿着运动衫、带着笔记本电脑和书包的学生，他们中的大多数人才十几岁。我现在意识到，他们每个人都有自己的依恋风格，这是他们无法控制也很难记起的早期童年经历造成的结果。那一刻，我联想到了所有会受他们依恋风格影响的选择和关系：持久或短暂的友谊、充满激情或令人心碎的恋爱、成功或失败的婚姻，甚至还有事业上的选择。我希望他们在哈里的课堂上学到的这些，可以让他们的人生变得更顺利。

对我自己而言，通过哈里的课程，我意识到我属于焦虑型依恋，并且这种依恋风格很可能已经持续了将近 60 年。不过，哈里说这些分类只是倾向性的问题。那么，我到底有多焦虑呢？我能够像哈里建议的那样，一边利用好它的优点，一边想办法避开它的缺点吗？虽然我的依恋风格早在几十年前就已经确立，但我对我们生命中这个重要又迷人的部分的探索才刚刚开始。

第 2 章

成人依恋访谈：你属于哪种依恋风格

了解你的依恋风格将对你有何帮助

在上了哈里的课几个月之后，我约了精神病学家毛里西奥·科蒂纳（Mauricio Cortina）医生一起喝咖啡。见面前几周，我们一直用电子邮件交流，还通过一次电话，但这是我们第一次面谈。在我们谈话的过程中，我发现自己在想，他能否仅仅通过我们的谈话就判断出我的依恋风格，接着我意识到，这种疑惑本身可能就是焦虑型依恋风格的证据。

科蒂纳医生今年 67 岁，中等身材，脸圆圆的，头发稀疏，声音轻柔。见面的那天是周二，他不需要坐诊，因此他穿得很随意，身着 Polo 衫、卡其裤和运动鞋。他同意花一点时间和我进行“成人依恋访谈”（AAI），这是评测成人依恋风格的权威标准。与测量儿童依恋风格的“陌生情境法”不同，成人依恋访谈的目的在于评测成人当下的依恋状态。

20 世纪 70 年代，科蒂纳医生在从事精神病学领域的临床工作后不久，就开始阅读约翰・鲍比尔的著作。

“我对自己说，‘天哪，这真是个好东西！’”他告诉我，“这是一个关于脆弱的关系和互信的关系的理论。尽管它不能涵盖一切，因为有些非依恋的因素也可以影响人格，但是这个理论抓住了问题的关键。”

用他自己的话说，他成了依恋理论的“早期受众”，并最终在华盛顿精神病学学院建立了依恋与人类发展中心，他还接受过成人依恋访谈的培训。

成人依恋访谈是 20 世纪 80 年代中期由美国加州大学伯克利分校的心理学家玛丽・梅恩（Mary Main）及其同事开发出的一种结构化访谈，旨在评测一个人的依恋风格。在访谈中，受访者们需要回答一些开放式的问题，比如他们童年时期和父母的关系，当他们感到难受、受到威胁或者被拒绝时的经历，以及所有这些经历是如何影响他们成年后的性格的。访谈的目的不是要确定这个人的童年经历到底是什么——因为记忆太不可靠了——而是为了发现这个人如何看待自己与他人关系的心理模式。荷兰研究人员在 2009 年的一份报告中评估了过去 25 年里进行的 10 500 多次成人依恋访谈，发现该编码系统“在不同国家和文化中的适用性都很高”。

“依恋理论已深入我的骨髓，”科蒂纳医生告诉我，“我有时会在心理治疗中使用该理论的一些概念。当我想要和为人父母的患者讨论依恋理论时，他们通常会说‘当然可以’，因为他们深深地知道，自己和孩子之间的关系对于孩子的发展至关重要。”

“了解自己的依恋风格，对人们会有帮助吗？”我问道。

“当然有帮助，”他说，“你看，对他人情感上的期望是我们每个人心理和人际关系的重要组成部分。我可以依赖你吗？你可以依赖我吗？这些并不是心理学的全部，但却是心理学最重要的组成元素之一。”

接着，科蒂纳医生和我谈到了依恋风格，他认为依恋风格只是个体整体思维和行为的一个方面，即使某个人属于安全型依恋，也不意味着他不会面临人际压力、头痛甚至抑郁等情况。显然，除了依恋，还有其他因素在起作用。

在持续性影响方面，科蒂纳医生提到了遗传学，以及个体所处的文化环境（家庭氛围、经济条件、教育水平）如何决定哪些基因成分能够得到表达，哪些得不到。他也提到了兄弟姐妹和同龄人，以及包括学校和培训机构在内的更广泛的文化影响，这些因素都有助于一个人的人格形成。除了依恋，还有其他方式可以描述人格。例如，心理学家经常提起的“大五人格特征”：开放性、尽责性、外倾性、宜人性和神经质。

尽管如此，科蒂纳又说：“但是，依恋理论确实为精神科的临床医生提供了更多理解人格和行为的途径。”

我问科蒂纳医生：“你知道自己的依恋风格吗？”希望这个问题不会很唐突。

他说，一位同事曾经给他做过一次测试，虽然没有正式计分，但他觉得自己属于“带有一些回避因子”的安全型依恋。

（从技术上讲，成人依恋访谈将人分为“安全的”“不安的”或“心事重重的”。这些术语与我在本书中使用的术语“安全型”“回避型”

和“焦虑型”类似，因此为了便于表述，我将继续使用相同的术语。）

科蒂纳医生解释了他的依恋风格的根源，他说：“我母亲很少在情感上与我同频，尽管她一直在我身边。我的父母都是爱我的，我和父亲之间的关系很融洽。直到后来，我在治疗中才发现，我从小对人的期望值就很低，之前我完全没有意识到这一点。”

他的母亲活到了 100 岁，直到去年冬天才去世。我问他：“你和母亲谈论过这些事情吗？”

“没有，”他说，“她从未在意过这些事，重提旧事可能会伤害到她。她是真心爱我们的，但她却对这一点视而不见，谈论这些没有任何好处。如果我执意如此，只会深深地伤害我的母亲。”

我们关于依恋风格的谈话似乎让彼此打开了心门，科蒂纳医生开始向我讲述更多的个人经历，比如他的两次婚姻。他告诉我他是多么幸运遇到了他的第二任妻子，但在他们婚姻的早期，他们还是度过了一段坎坷的日子，在那段时间里，他出现了惊恐发作。他也谈到作为父亲，自己是如何对子女产生影响的——其中一个孩子正在考虑成为一名心理治疗师；他还提到了他的孙子。此外，他还讲述了在他的母亲去世后，他是如何被指定为遗产执行人，并调解六个兄弟姐妹因遗嘱引发的冲突的。

令我感到惊讶的是，一名精神病学家会对我袒露这么多的个人信息，而我作为一个善于采访的人，此刻却只能保持沉默。科蒂纳医生盯着我的眼睛说：“我想和你聊聊，彼得，因为接下来我将问你一些非常私人的问题，有些可能会唤起你痛苦的回忆，所以我先告诉你一些关于我自己的事情，这样比较公平。”

哦，原来如此。

然后，我们开车去了他的家庭办公室，在那里，我的成人依恋访谈将正式开始。

成人依恋访谈的过程

“好的，”科蒂纳医生把一台很小的录音机放在桌子上说，“等你准备好了，我们随时可以开始。”

从咖啡馆到他家，不知道从什么时候开始，我觉得和科蒂纳医生待在一起很舒服，我甚至可以直呼其名了。我放下笔记本，说道：“我准备好了，毛里。”

我们坐在一间摆满书的大房间里，他坐在办公桌旁的转椅上，正对着我。我坐在旁边的沙发上。

成人依恋访谈将持续大约一个小时，包括按既定顺序提出的 20 个问题，以及后续的一些随机问题。访谈协议要求对采访进行录音，之后转录，以便交由独立的第三方进行评分。来自加州大学伯克利分校的开发人员埃里克·赫斯（Erik Hesse）提醒说，成人依恋访谈并不像“看起来那样简单”。受访者必须回答一些关于他们生活史的复杂问题，其中许多问题“他或她从来没有被问到过”。访谈以“快节奏”进行，其目的之一就是“突袭无意识”。赫斯说，总而言之，“整个访谈过程带来的体验往往会比预期的要强烈得多”。之后，记分员在意的就不再是谈话的内容，而是叙述是否连贯，以及是否充满了“矛盾和不一致”。

在此，我将详细复述我在成人依恋访谈中所说的话，并尽可能地模拟当时的紧张感，因为我想要你了解访谈具体是什么样的。

如果你想对自己的依恋风格进行专业评估，那你可能需要去找像科蒂纳医生这样专业的成人依恋访谈测试者。值得注意的是，一些研究人员会劝个体不要进行成人依恋访谈，因为访谈者或记分者的错误有可能会导致不准确的结果。他们更希望成人依恋访谈是由受访者的治疗师进行的，因为治疗师已获得了专业的培训认证，可以根据对受访者的全面了解来解释结果。然而，还有一些依恋领域的专家认为，相对于接受成人依恋访谈可能会带来的风险，更重要的是它可能给受访者带来的自我认知。“成人依恋访谈会为每个接受访谈的人提供关于自己的有价值的信息。”科蒂纳医生说。换句话说，任何测试都会受到人为错误的影响，所以如果你真的进行了这项测试，请参照性地权衡结果。另一个选择是进行亲密关系体验测试，也称依恋测验，在附录中有转载。这个测验选取的因子与成人依恋访谈不同，但也是一种评测依恋风格的常用方法。

“很好，让我们开始第一个问题吧。”毛里说道，然后按下录音键。

他温柔的语调变得正式起来，我猜他正在进入精神科医生的状态。

“好，为了帮助我了解你的家庭，”他说，“你是否可以告诉我你住在哪里、出生在哪里，是否经常搬家，以及你父亲和家里人都从事什么职业？”

房间里一片寂静，只能听见磁带在录音机里转动时发出的轻微的嗡嗡声。

“我出生在纽约的罗切斯特，”我开始说道，“家里有一个比我大十岁的哥哥和一个比我大七岁的姐姐。我父亲和他的两个哥哥一起做生意，他们创办并经营了一家商业印刷公司。”

“你经常搬家吗？”毛里问道。我没有直接回答他这个问题。

我告诉他，1957 年，在我四岁的时候，我们家从城市搬到了郊区，并在那里盖了一栋新房子。我们是 20 世纪 50 年代后期从城市到郊区大规模移民的一员。

“你家里还有其他成年人吗？”他问我。

“有，”我说，“我的父母请了一些佣人。因为我姐姐出生的时候，我母亲得了轻微的小儿麻痹症，所以在我出生时，他们雇了一位年长的保姆住在家里，帮忙照顾我。”

“你对她有什么印象吗？”他问。

“没有，”我说，“但实际上家里请过两位保姆。一位去世了，另一位被解雇了。”

“那么，你认为是谁把你养大的？”

在不到两分钟的时间里，毛里就依照成人依恋访谈的脚本，设法触及了我童年早期的核心问题。

“这是一个价值连城的好问题，”我用大笑掩饰内心的慌张，“我真的不知道是谁把我养大的。我想反正不是我的母亲。”

“好的。”毛里回答，他的脸上没有流露出任何表情。

“我的意思是，你希望我在这个问题上有多坦率？”我问他，“我可以好好跟你聊一聊。”

“我感兴趣的是，你认为谁才是真正抚养你长大的人。”他说。

毋庸置疑，毛里作为一名专业的心理治疗师，拥有 30 多年的访谈经验。尽管那个早晨，他是按照准备好的脚本访谈的，但我能感受到他的专注。在咖啡厅会谈时，他耳语般低沉的声音有时会让我觉得很沮丧，因为我很难听清楚他在说什么。但在安静的办公室里，这种声音却让我很放松，甚至有催眠的效果。我感到既轻松又自在，并渴望能够尽可能全面而诚实地回答他的问题。

“我想可能是我的父亲，”我说，“我对母亲的记忆特别少，也记不起我的那些保姆。在我大约一岁的时候，我的第一位保姆突发心脏病去世了，然后就有了第二位保姆。我见过第二位保姆的照片，但是我对她完全没有印象。后来我母亲在一位心理医生的建议下把她解雇了，因为我开始学说话时有点口吃，我父母很担心这一点。多年后，当我问母亲这件事的时候，她说心理医生告诉她，‘这个孩子不知道自己的母亲是谁。你应该解雇保姆，扮演好母亲的角色’。”

毛里问这些事情是什么时候发生的，我说应该是在我三岁左右的时候。

尽管毛里的语气里充满了关心和安抚，但我依旧觉得与别人分享这些私事很怪异；这些事情都很私密，甚至让我有些尴尬。他和我说话时没有发表任何评论，而是直接继续下一个问题。

后来，在了解了成人依恋访谈的“套路”后，我意识到快节奏提问是必要的环节，旨在获得诚实的、未经加工的回答，但我当时的感觉是很奇怪的，因为在我分享这些事情的时候，毛里连一句“我可以想象这很难”的回应都没有。

“那么，我们继续吧，”毛里说，“我想让你用五个形容词来形容你与父母之间的关系。慢慢来，要想出这五个形容词并不容易。然后，我会问你为什么选择它们。你决定从谁开始谈起。”

这似乎是一个奇怪的要求，但我愿意继续进行访谈。

“好的，”我回答，“用五个形容词来形容我的母亲吗？”

“对，形容你和母亲的关系。”

“哦，我们的关系。好吧，是什么时期的关系？”

“你越小的时候越好，”他说，“然后按照时间顺序一直说下去。”

我后来了解到，“五个形容词”是成人依恋访谈的关键部分，受访者当场提供的“形容词组”是“童年关系的概括”。一旦选出这些形容词，受访者实际上已经对自己与父母之间的关系表明了“立场”。然后，受访者将被“系统地刺激”，以提取特定的记忆来支持对每个单词的选择。

我说出的前两个形容词是“冷漠”和“不信任”。

“但是当我们搬家后，从我五岁时起，”我说，“形容词是‘温暖’‘关爱’和‘可靠’。”

然后，他让我就给出的五个形容词举出佐证。

“我们首先谈一下‘冷漠’。”毛里说。

“嗯，我之所以说‘冷漠’是因为我幼时对她没有任何印象，我们之间也没有任何身体接触。我不记得她抱过我、安慰过我，或是她在身边陪伴我的任何一个例子。”我回答道。

“那么‘不信任’呢？”他接着问道。

我给毛里讲了一个故事，就是当我问母亲两只袜子应该分别穿在哪只脚上的时候，她说随便，这根本不重要，我觉得母亲的话不可信。我还告诉他，尽管母亲在家，但在父亲早上离家去上班时，我还是会发脾气。

“好的，我们接着谈下一个形容词‘温暖’。”

“嗯，我们搬到新家，有了新的邻居，我也换了新的学校，”我说，“突然间，在我的记忆里，我的母亲就出现了。晚上她会哄我睡觉，她还会陪我参加学校的活动，做所有母亲都会做的事。”

毛里继续问道："你的记忆是真实的吗？你确定她总是在场吗？"

"我不太确定。但是，我知道有个人总是陪着我。我得在这里介绍另一个人了。"我说道。

毛里说："继续说下去。"

"搬到新家之后，我们请了个管家，她叫艾琳，我和她十分亲近。事实上，她才是那个经常到学校接我回家的人。在我的记忆中，当我回到家的时候，我的母亲经常不在家，但艾琳总是会在。我记得她经常在完成一天的工作后，给我做一些小点心，她还会陪我一起玩。和我母亲不一样，她的身体很健康，是一个坚强的女人，我觉得她身上的特质深深地吸引了我。"

接下来，我们讨论了"关爱"和"可靠"。按照年龄顺序，开始说到了我上小学和中学时的事情，那些都是发生在新家和新邻居之间的事，我毫不费力地说出了我和母亲之间关于这两个形容词的具体记忆。

"好，现在轮到你父亲了，"毛里说，"还是五个形容词，从最早的记忆开始。"

我毫不迟疑地说了"养育""霸道""疏远""慈爱"和"无言"五个词。

"好，让我们从'养育'开始。"他说。

我告诉他，我清楚地记得每天晚上父亲抱着我去卧室的样子。"这是我到现在一直记得的情景，"我告诉毛里，"一天终于要结束了，到了我们放松休息的时刻，父亲抱着我的时候，我的身体向前倾斜，我的脸颊紧紧地贴着父亲的脸颊，我能感觉到他又粗又硬的胡须。我还记得当他抱着我的时候，我充满了安全感，我紧紧地搂着他的脖子，我们是多么地亲密。"

“这是你搬家前的记忆，是吗？”毛里问道，“四岁左右？”

“可能是三岁。”我回答。

这时，录音机发出了“咔哒”声。

“你要换磁带吗？”我问。

当毛里去换磁带的时候，我才有机会观察这个房间。他书桌旁的架子上面有一个相框，照片上是一位戴着宽檐夏凉帽的年长女性，她身上散发出迷人的光彩。后来毛里证实了我的猜测，照片里的这位女性确实是他的母亲。她看起来十分平易近人，不像毛里描述的那样“冷若冰霜”，不过我并不了解真实的她是什么样的。

“好吧，”毛里打开录音机说，“我想让你再谈一下你描述你父亲的第一个形容词‘养育’，这个词代表了你对父亲的动觉记忆。你能再重复一遍吗？”

“动觉记忆？”我问。

“是的，”他说，“再说一遍吧。”

“哦，他抱着我去卧室，”我又说了一遍，“我的身体向前倾斜，感受他又粗又硬的胡子在我脸上摩擦的感觉。”

“但是，”他继续说，“你提到的第二个关于你父亲的形容词是‘霸道’。”

“是的。好吧，这是养育的另一面。有时我的父亲会变得很粗暴。我记得在我三四岁的时候，有一天，我不想去幼儿园，所以就躲在书房的一把大躺椅后面，但父亲命令我出来，我不愿意出来，他就走到椅子后面，一把抓住我的胳膊，猛地把我拽了出来，一直把我拽出了家。”

如果毛里需要，我还可以告诉他，当时父亲抓住的是我胳膊的哪个部位。实际上，我的身体没有留下任何印记，父亲并没有伤到我，但 56 年后，我依然很肯定自己的记忆是清晰且准确的。

“你提到的第三个形容词是‘疏远’。”毛里说。

我告诉他，这是因为随着我年龄的增长，我和父亲的关系似乎变得“有点勉强和尴尬”。我记得有一次学校举行亲子晚宴，我却无法开口让他带我去参加。“我们最终还是去了，但是依然很不自在。”我解释道。还有一次，父亲带我去看马戏团表演，情况也是如此。相比跟我在一起，他陪我哥哥姐姐做家庭作业和参加学校活动时会更自在、投入得多。

“另一方面，”我补充说，“在我六年级竞选学生会主席时，我必须要在全校师生面前发表演讲，他居然来了，我看到他站在礼堂后面注视着我。这对我来说意义重大。”

“好，接下来描述第四个形容词吧，‘慈爱’？”

“我说过这个词吗？”我笑着问，“好吧，我确实觉得他是爱我的。”

“你能谈一些具体的事例吗？”毛里问我。

“好的，当他带我去睡觉的时候，他很慈爱。”我停顿了一下。

“我真希望我能说得更多。”我又停顿了一下。

“我的父亲是一名成功的商人，”我说，“他为我们提供了很好的物质条件，我想这就是他对我们表达爱的方式。他几乎每晚都在家里吃饭。大概从我四年级起，他开始辅导我做家庭作业。”

“好的。让我们聊聊最后一个形容词。”毛里说。

“我说的是什么？”我笑着问道，意识到自己已经不记得几分钟前说的第五个形容词了。

“无言。”他回答道。

“他就在旁边，但我总是更愿意与母亲交流。”我就这样结束了回答。

当毛里查看他的手稿，打算问下一个问题的时候，我发现自己在想，如果有一天我深爱的孩子们，用五个形容词来形容我和他们的关系，我会有什么样的感觉。

“作为一个孩子，”毛里问道，“当你情绪低落的时候，你会怎么做？”

“哭，发脾气，去找我姐姐，”我说，“我姐姐会安慰我、支持我。我没有别的地方可去。我觉得没有任何地方是安全的。”

“我母亲看起来有点软弱，”我接着说，“她似乎十分依赖我父亲，从某种程度上说，她的安慰和支持可以忽略不计。我想这就是艾琳吸引我的原因，那个女管家住在城里，需要倒两趟公共汽车，然后在离我家很远的地方下车，再徒步到我家。无论天气多么恶劣，即使是下暴风雪，她也依然如此。她的工作时间是早上九点到下午三四点，之后她再返回她住的地方，因为她还要照顾自己的家人。在我看来，她的身体很强壮，总是耐心地陪着我，愿意花时间照顾我，和我一起玩。如果我放学回家时刚好在下大雨，她就会到公共汽车站等我，然后陪我走回家。她的注意力总是集中在我身上，所以我放学回家就等于回到她身边。”

自顾自地说了很多关于管家的事，我感到头昏眼花。“我们刚才谈论的重点肯定不是这些，”我笑着说，“但我忘了是什么了！”

“没事，”毛里说，“我们正在谈论当你情绪低落的时候，你会去哪里，你说的内容与这个话题正好吻合。”

他接着说：“我知道我们已经讨论过了，但这是一个很重要的问题。我只是想知道，当你难过或受伤的时候，你有没有被父母抱着或安慰过？”

我确信如果我受伤了，我母亲会抱着我，但我想不出具体是什么时候的事了。

毛里接着问我记不记得第一次和父母分开是什么时候。

“分开？”我问道。

“比如去野营。”他说。

“我九岁那年参加了野营，”我说，“他们送我去那里待了整个夏天，现在回想起来似乎有点奇怪，但在此之前我想先告诉你一件事。这件事很好地说明了我的家庭是如何运转的。”

“七岁那年的一个星期天，我正准备骑自行车出门，我父亲走过来对我说，‘把你的自行车放回去吧，我们要去医院，把你的扁桃体摘掉。’我的耳朵被父亲低沉、粗哑的声音震得嗡嗡响。‘好吧。’我心想。那是我第一次听说扁桃体还可以摘掉。”

我笑着讲述这个故事。

“在我小时候，”我接着说，“大人们告诉我小孩子摘除扁桃体是很常见的事情，尽管我并没觉得有多常见。不管怎样，我把自行车推了回去，父母开车送我去了医院。中间的过程我已记不清楚了，只记得我穿着病号服躺在病床上，父母对我说了一些‘你会没事的，明天你醒来我们会再见的’之类的话，还说了一句‘他们会给你冰激凌的’。”

“记得那天晚上，我和其他要做手术的孩子们一起走进了一个公共休息室，他们都在那里接受了某种手术，”我继续笑着说，“我记得当时我在想，‘这太奇怪了，我是怎么到这里的？’”

“我父母第二天来医院把我接回了家，我慢慢就康复了，”我告诉毛里，“我长大后再想起这件事时，更觉得奇怪，但我也不确定这有多不寻常。我曾拿这件事和家里人开过玩笑，但当时这似乎是一种风气，家长们都跟风这样做。”

“这是你与父母之间的第一次分离，”毛里问道，“你父母的反应是什么样的？”

“嗯，我的父亲可能‘没有什么情感反应’，”说到这里，我刻意换了一种低沉粗哑的声音继续讲述，“而我的母亲则表现得比较宽容，‘哦，你不一定非得去医院，你可以改变主意。我们会来接你的。’”说到这里，我的声音变得高亢而颤抖。

现在回想起来，这些做法都不太正常，但却非常典型：我父亲否认对此有过任何情感反应，而我母亲则沉浸在极度的恐惧和焦虑之中，真是一对互补的组合。我笑着补充道：“但我并不赞同这种组合！”

毛里把脚本翻到下一页，然后问道：“好的，你小时候有没有曾感觉到被拒绝？”

“谁拒绝我？”

“你的父母。”

“多小？”

“随便几岁。”

“拒绝是什么意思？”

“嗯，你是否觉得他们拒绝了你寻求安慰、关注或需要他们的请求？”

“是的，四岁以前我们住在老房子里，”我说，“特别是在晚上睡觉的时候，我觉得特别孤单，有种被遗弃的感觉。与此形成鲜明对比的是，当我们搬到新房子，有了新邻居，特别是当我的哥哥和姐姐离家去上大学后，我逐渐觉得自己成了关注的焦点。我的学习成绩比我哥哥和姐姐都好，在学校表现得也很好，在学生会里很活跃，这些对我的父母来说都是全新的体验，我觉得他们乐在其中。”

“在新家里，你有没有产生过被拒绝或被忽视的感受？”他问我。

“没有！”我说，“你一定会怀疑我的记忆是否可靠，毕竟仅仅是住所的改变，会让我父母的行为产生多大的改变呢？”

“你觉得在你很小的时候，为什么你父母会那样对你？”他问道。

“我不认为他们那样做是出于恶意，”我回答，“我觉得这就是他们养育子女的观念。他们还有一个七岁和十岁大的孩子，也需要得到很多关注。我哥哥有很多情绪方面的问题，是一个比较难照顾的人。而我父亲又不善于表达情感——现在依然如此。我母亲确实因小儿麻痹症身体比较虚弱，但我认为她的主要问题是恐惧和焦虑。我的感觉是，在我来到这个家之前，这个家已经很完整了，而我从未完全融入其中。事实上，我至今仍有这种感觉，但我不认为这源于什么恶意。”

“你父母有没有以任何方式威胁过你？”

“我父亲有时会威胁我，比如用乒乓球拍打我的屁股。不过，也就这些了。”

“有身体上的虐待行为吗？”

“没有。”

“冷暴力或者羞辱呢？”

“没有，只有嘲笑，”我说，“我经常因为对某些事情太敏感而被嘲笑。在读小学五六年级时，我还有口吃的问题。这对家里人来说很丢脸，我之所以会有这样的感受，部分原因是从未有人讨论过这件事。吃饭时，如果我想说什么却说不出来，父亲就会直接指责我。他会用充满愤怒的语气说‘慢点说！’，而不是施以充满同情的理解，就像在说，‘你让我很尴尬’或是‘你不需要这样做’。”

“这让你感觉受到了羞辱，是吗？”

“是的，这让人感觉很羞辱。但我不认为他是故意的。”

“他并不是有意羞辱你，是吗？”

“嗯，不是。”

“但是你依然觉得受到了羞辱？”

“是啊。”

“彼得，除了你的家人，还有谁曾经威胁、惩罚、羞辱或者以其他方式影响过你吗？”

“影响我？”我追问道，“在我六年级时，有一位男老师，他后来成了我的篮球教练。他——我甚至不知道该怎么形容——非常支持我，是我遇到的第一个了解我、相信我的成年男性，他使我越来越自信，他是我生命中一个很重要的人，现在我仍然和他保持着联系。”

“所以他是一个十分重要的人。”

“是的，我觉得他是男性这一点很重要。”

“你跟我说过的那个管家呢？你和她还有联系吗？”

“仍然有联系。成年之后，我去探望过艾琳，在她去世的前一天，我还去临终关怀疗养院看望过她。”

“这也说明了她对你的重要性。”

“是的，这两人就像我父母的替代者，”我笑着说，“我当时并没有意识到这一点，只是现在回想起来……”

我没想到访谈时会提到这件事，在我 12 岁左右的时候，我们的女管家艾琳辞掉了在我家的工作，决定去当地一家大型疗养院管理后厨，供她的孩子上大学，她后来还成了许多年轻人的导师。她退休那天，罗切斯特的市长宣布将这一天定为“艾琳 · 桑德斯日”。为了向她表示敬意，市长还举办了一场纪念晚宴，我和父母都参加了。

“很好，”毛里说，“让我们继续下一个问题。你觉得你与父母相处的经历对你成年以后的性格有什么影响？”

我又笑了起来：“现在我在你的办公室里，不是吗？我认为这些经历对我选择配偶和养育孩子的方式都有着深远的影响，做一个好父亲成为我成年之后所做的最重要的事情，到现在依然如此。我的意思是，我小时候经常听到的家人对我最严厉的指责就是，‘你太敏感了’。就在最近，我才把这些告诉一个名叫拉比的朋友。她说，‘你知道吗？当你的家人指责你过于敏感时，正确的回答是‘谢谢’。我明白了她的意思，因为我知道正是这些经历让我变得敏感，但也正是这种敏感性让我和前妻在养育孩子方面很成功，还让我成了一名作家，探索了一些重要的课题，所以敏感是好事。”

毛里问道：“有没有消极的方面呢？你认为有哪些方面阻碍了你的发展？”

“当然有，”我说，“我有一种很深刻的感觉，觉得自己没有想象的那么有能力，我不得不与这种感觉做斗争。我不相信自己对事情的判断，就养育孩子来说，我的婚姻是理想的，但从另一方面来说，我的前妻并不是我理想的选择，我也不适合她，这最终导致了我们婚姻的失败，对此我深感遗憾。从童年早期的经历中，我明白了成年后产生的很多问题的根源所在，有好的也有坏的。我还在不断地反思挣扎，但好的方面一直都有好的影响。”

“所以，你认为在你的成长过程中，你的父母采用那些行为方式的原因是什么？”

“我们不是已经说过了吗？”

“是的，但有些问题需要我们从不同的角度去回答。”

“这在很大程度上跟时代和原生家庭有关，”我开始说道，“那时候，人们就是这样养育孩子的。我的父母也都有自己的父母。

“我的爷爷奶奶是来自奥地利和匈牙利的第一代移民，信奉的是日耳曼文化。他们在家说德语。我父亲和他的两个哥哥成长于大萧条时期，他们三个人睡一张床。父亲是家里最小的孩子，从小就深知家庭的贫穷，于是他从九岁起就开始工作了。虽然他很聪明，但他没有机会上大学，因为家里没有钱；相反，他还不得不工作来补贴家用。据我所知，对我父亲来说，我爷爷在很大程度上是缺席的，而我奶奶尽管很坚强但也可能很尖刻，甚至刻薄，所以在那种环境下，我父亲可能已经做到所谓的‘成为最好的自己’了，但他也把从原生家庭中学来的这一切，包括为人父母的方式和做人的方式，带到了他的新生家庭中，带到了和我的关系里。

“而我母亲也是三个姐妹中最小的一个，虽然她的成长环境要好一些，属于中产阶级，但我认为她小时候的某些情感问题可能从未被解决过，在我看来，作为一个女人，她从未完全成熟。她属于那一代生活在郊区的美国女性，她们并不指望自己能真正有所作为。

“而且我认为，他们的育儿方式可能与我们周围许多郊区家庭的育儿方式并没有太大不同。”

毛里看了看他的脚本，但没有马上问另一个问题。

他说："我们暂停一下，我要去确认一下我们没有遗漏任何问题。我要去看看录音机。"

他告诉我，我们剩下的问题不多了。

"我觉得我们开始互相了解了。"在暂停的时候，我说。

"我告诉过你，这将是一场激烈的……"

"没错！"我笑着表示同意。

"好的，"他说，"现在开始录音。彼得，你提到你的父亲还健在。你母亲也还活着吗？"

"不，我母亲是 88 岁时去世的，大约六年前。"

"嗯，能具体谈谈吗？当时你有什么反应？是什么感觉？"

我笑了。

"你真的想知道吗？"我又笑了，"嗯，她算是寿终正寝吧。她和我父亲两人一直居住在一间公寓里。她的精神状况很好，但身体却越来越虚弱，直到有一天得了肺炎需要住院，第二天她就去世了。"

"我没有什么感觉，"我继续说，"现在也没有。但有这么一件事值得一提，就在我母亲去医院的前几天，父亲打电话跟我说母亲摔倒了，他没法把她扶起来。于是我马上赶了过去，我赶到的时候她还躺在地板上，看起来很无助，当然我赶紧把她扶了起来。但问题是，当我伸手去抱她的时候，我的内心深处突然燃起一股无名火，我当时在想，'当我需要被抱起来的时候，你在哪里？！'当然，我并没有说出来，但我就是那么想的。"

"那段时期我的处境也很艰难，"我继续说道，"女朋友刚刚跟我分了手，我感觉自己被遗弃了，而且很孤独。通过治疗，我对自己的早期经历有了足够的认识和反思，我意识到自己在恋爱中遇到的一些困难可能是由这些早期的童年问题引起的。所以当时我很生气，因为兄弟姐妹只有我一个人是自由的单身狗，所以我要赶来把母亲扶起来，还要照顾她——我只是感到很气愤。”

我停了下来。

“我忘了你刚才问的是什么了！”我笑着说。

“下一个问题，”毛里说，“关于从童年到成年，你与父母关系的变化。”

这个题目比较安全。

“上初中和高中时，”我开始说道，“我和他们的关系很好。我曾经试图在放学后找一份工作，因为我感到有些烦躁，我越来越觉得我父亲不了解我，这导致我花了很长时间才开始做我最终要做的事情——写作和教书，而不是父亲更喜欢或至少能理解的经商或做律师。

“此外，我的第一段婚姻维持了 17 年，但随着婚姻的破裂，我开始探索自己的童年。抚养孩子的过程给我带来了很多深刻的体验，我开始感受到对父母的爱与恨（或者说怨怼）。通常情况下，我并不会谈论这些，但有一两次，当我因婚姻或随后的关系破裂而感到绝望时，我告诉了我的父母——在心理医生的敦促下——我对这些早期事件的看法，但并没有什么用处。坦白地说，当你告诉我你决定不与自己的母亲谈论这个问题时，我也在想，也许我也不该说，因为我知道这些话伤害了我父亲，而他也不会因为我说了这些就能更理解我，我也不确定自己这么说带来了什么改变，所以我很欣赏你的选择。”

“谢谢你。”毛里说。

“现在你和你父亲的关系怎么样了？”他问道，“你怎么看待你们现在的关系？”

“我很享受现在和他的关系，至少大部分时间我都觉得离他更近了，”我说，“与此同时，我俩现在的关系也很复杂。他还在因为我告诉他的那些事而伤心——那些我关于童年的感觉——我仍然觉得他不了解我，也不认可我的成就。不过，我每天都会给他打电话，每周都会去看望他几次，和他共进晚餐，并和我姐姐一起照顾他，所以情况好坏参半。但我也预料到了他的死亡，也担心这会对我产生什么影响，因为他确实是我最主要的依恋对象，我肯定自己对他的死不会像对母亲那样，基本上没有什么反应。”

再一次，没有任何评论。

“我们谈谈其他关系吧，”毛里说，“你现在和你孩子的关系。当你和你的孩子们分离时，你会有什么反应？你担心过和他们的分离吗？”

“嗯，这几个问题问得很好，”我开始答道，“我的三个孩子分别是 28 岁、25 岁和 18 岁。我前妻和我与孩子们的关系都很好。事实上，我们所有人之间的关系都很好，我和前妻即使在离婚后也继续一起抚养孩子。孩子们都很好。我和一个女儿还有她未婚夫一起住在华盛顿。我的另一个女儿住在纽约，我们的关系也很好。我儿子今年刚上大一。关于他们，我没有任何不满或烦恼要说。”

也许是因为这些事情打破了我消极的“人设”，毛里说他听了很高兴。

“你从童年经历中学到了什么？”他问道，“你从这样的童年中学到了什么？”

这听起来像一个总结性问题，我们的访谈估计快结束了。

“我觉得我的童年教会了我很多为人父母的道理，”我回答说，“我前妻和我都有创伤，因此我们格外重视对孩子的养育。我们找到了正确养育孩子和为他们提供安全感的方法，也试着了解我们的孩子，并鼓励他们做自己——即使他们与彼此或与我们不同。我认为这是我学到的最重要的东西。”

我希望我的话听起来不会太“煽情”。

“展望一下未来，”毛里说，“我想问最后一个问题，你希望你的孩子从你的养育中得到什么？”

“我希望他们从童年时代起就能感受到爱和保护，能以真实的自己为人所知，并被人接受，”我回答，“我鼓励孩子们做自己，去探索和尝试感兴趣的事物。我前妻和我在抚养孩子的问题上意见一致，我们都愿意学习如何抚养孩子以及如何经营家庭。我喜欢养育孩子，并为离婚深感遗憾，因为这可能伤害到了孩子们，但即便如此，我认为总体上我们做得还是很好的，我认为这是我最大的成就。”

“好吧，彼得，”毛里说，然后伸手去拿录音机，“也许我们不该再录音了。”说着，他按下了停止键。

“嗯，我觉得自己暴露得太多了！”我笑着说。

“是的，你确实说了很多关于自己的事情，”他说，“那你还想不想对访谈进行评分？”

我告诉他，我真的很想知道访谈结果，因为我想知道自己的依恋风格。

“好吧，”他说，“我想谈谈我个人是怎么看待你的依恋风格的。”

“真的吗？”我问道。

这让我感到有些意外。

我是如何拥有获得性安全型依恋的

“你是典型的获得性安全型依恋。”

“获得性安全感”是哈里·赖斯在课堂上讲过的——这是我们所有童年不那么完美的人都渴望实现的目标。虽然 75% 的人一生都生活在同一种依恋风格中，但有些人确实会改变。

“真的吗？”我问道，“这个结果我还真是没想到。”

“因为你看，这就是成人依恋访谈的美妙之处，”毛里解释道，“关键不在于你的体验，而在于你如何讲述这些经历，即故事的连贯性问题。你的情况是一个很典型的例子：童年在某些方面并不理想，比如你所说的关于你父母的事情，但重点是，你可以谈论它，你可以向我描述它。这就是‘获得性安全感’的作用。这种依恋风格的人童年可能会非常艰难，但对你来说，即使你对父亲的描述比较‘复杂’——使用的形容词反差很大，但是，如果我可以用一些心理学术语来说的话，那就是没有太多的防御性理想化或诋毁，而更多的是‘过去就是这样的’。”

“我本以为我是典型的非安全的焦虑型依恋。”我告诉毛里。

“如果你没有反思——这就是访谈的美妙之处——当然，你肯定会反思。我的意思是，如果你没有表达出如此平衡的积极和消极的观点，我也会倾向于认为你没有安全感。”毛里说道。

“但是为什么我没有感受到安全呢，”我说，“尤其是在谈恋爱的时候？”

他说：“也许在恋爱中，你并不像自己希望的那样安心，并不是所有的童年问题都被抹去了。”

获得性安全感并不意味着一切都很好，或者你不再痛苦。它只是意味着你拥有足够的理解和足够的距离，你可以用一定的客观性来描述事物。这就是安全感的一般意义。

“也许这些年的治疗是有用的！”我说道。

“那是肯定的，”毛里同意道，“还有你养育孩子的方式和你的反思。养育孩子的过程非常有意义，这是你的人生经历。关于这个问题，你已经思考了很多，这就是为什么我几乎可以肯定你最终得到的答案会是‘获得性安全型依恋’。”

我指出，在我研究“获得性安全感”的过程中，我读到过它可以通过治疗或自我反思、找到导师或安全型依恋的生活伴侣来实现，但我从未听说过可以通过养育子女来实现。

毛里说：“嗯，养育孩子会迫使你反思，深入思考这些重要问题。至于改变一个人的依恋类型，我认为还没有任何研究能证明这一点。这只是我自己的想法。”

我有点怀疑，但又真心希望毛里说的是对的，希望访谈结果会证明这一切。

第3章

妈妈回来了：你的依恋风格早在儿童时期就已形成

什么是陌生情境测验

在依恋理论发展的早期，甚至连约翰·鲍尔比都不知道该怎么评估儿童的依恋风格。但最终，鲍尔比的一位名叫玛丽·艾斯沃斯（Mary Ainsworth）的学生想出了办法。

当时，艾斯沃斯和她的丈夫住在伦敦，她看到了鲍尔比发布的一则招聘研究助理的广告。她前去应聘并得到了这份工作，然后开始专注于鲍尔比正在研究的有关母子关系的课题。后来，她去了乌干达，观察村庄里的母亲和孩子，接着去了巴尔的摩的约翰斯·霍普金斯大学，继续观察当地的母亲和孩子。在这里，她突然想到了一个测试儿童依恋风格的实验方法，即著名的“陌生情境测验”。

陌生情境测验由八个片段组成，讲述了一位母亲、她的孩子和一位陌生人之间分离和团聚的故事。这些测验情境会逐渐让孩子感受到越来越大的压力，就像心脏压力测试一样，会激活依恋系统，从而揭示孩子的依恋风格。事实上，这揭示了孩子大脑中已经创建的关系的心理模式。艾斯沃斯的精妙布局让整个测验达到了高潮：如果你想知道孩子对母亲的依恋程度，那就观察孩子的行为，注意不是在母亲离开时而是要在她回来时观察孩子的行为。

陌生情境测验已被公认为评估 1~2 岁婴儿早期依恋关系的标准。

实际上，鉴于此，哈佛大学的攀登爱好者们用约翰·鲍尔比的名字命名了一座山，用玛丽·艾斯沃斯的名字命名了另一座山。这两座山紧紧挨着，无形中吻合了他们有关人与人保持亲密关系的理论。

陌生情境测验的过程会被记录下来，然后由一名没有参与测验的受过专门训练的人员进行编码评估。来自缅因州南波特兰的苏珊·帕里斯（Susan Paris）是美国这一行业的顶尖人员。

马里兰州的一位实验室主任告诉我：“我们会把大部分影像资料寄给苏珊，她是最好的编码评估人员，她可以为所有人编写代码。”

我登门拜访了苏珊·帕里斯，她向我展示了她是如何用不同的依恋风格，给参加陌生情境测验的孩子们编码的。

安全型依恋儿童的表现

“我们先来看一个典型的安全型依恋的婴儿。”苏珊说着，在电脑中点开一个 15 个月大的男孩的视频。

苏珊的房子位于远郊一处宁静的农场中，我们正坐在其中一间舒适的书房里。苏珊 50 多岁，中等身材，一头灰白的短发，一双蓝色的眼睛，脸上总是挂着微笑。白天，她在一所公立学校教特殊教育课程，但她已经做了将近 30 年的陌生情境测验编码工作。

在视频开始的时候，我们看到一个 30 岁出头的女人，留着长长的黑发，抱着她那 15 个月大的儿子。那个金发小男孩身穿一件印有恐龙图案的灰色 T 恤，他短裤的腰带下面露出了一块尿布。

苏珊解释说，我们将要看到的陌生情境测验视频，是美国一所大学所做研究的一部分。她不知道那是什么研究，她在最初编码的时候也没有了解过。“我不想知道，”她说道，“就像其他任何与人类有关的事情一样，我们会把偏见带入工作中，所以我尽可能少地了解研究的主题和目的。”（一位研究人员允许苏珊和我一起观看一些视频，但前提是不准披露有关参与者的信息。）

视频中，这位母亲把孩子放在地板上，然后走向旁边的一把椅子，但母亲一走开，孩子就蹒跚地朝母亲走来，于是他们就坐在地板上一起玩球和其他玩具。

“他们看起来融洽极了，”苏珊说，“很好的互动。”

苏珊注意到，当这个小男孩越来越适应这个陌生的地方时，他开始离开母亲去摆弄玩具。

“你好，我是玛丽。”一位年轻女性一边走进房间一边说，扮演这个陌生人的女性可能是一名心理学系的研究生。

“你好，玛丽。”孩子的母亲站起来打招呼。

“嗯，”苏珊说，“看看他的手在干什么？他在拉扯自己的衣服。”

我一开始并没有注意到这一点，直到苏珊提醒，我才发现小男孩用双手抓着自己的 T 恤衫。

“这是不确定的迹象，”苏珊说，“小男孩会想，‘这个人安全吗？她有威胁吗？’然后，他可能又会想，‘母亲好像不这么认为，所以我可以放松下来了。’”

在小男孩玩游戏的时候，他的母亲回到椅子上，开始和这个陌生人交谈。

“还记得依恋理论是关于如何建立一个可供探索的安全基地的吗？”苏珊问道，“从这个小男孩身上，你可以很好地看到这一点。他对陌生人做什么十分感兴趣，想要探索，所以他慢慢挪到陌生人旁边，然后他心想，‘哦，我离母亲有点远了’，于是又朝母亲那边挪了挪。这就是平衡。”

当母亲离开，把小男孩独自留给陌生人时，他哭了几声，但总的来说还是忍住了。当他的母亲回来时——两次重聚的第一次——他表现得很高兴。

“她回来了，哈哈。”苏珊说道，有点模仿那个小男孩的声音。正如我想看到的，小男孩立刻起身飞快地跑向了母亲。他张开双臂，一下子扎进她的怀里。“这是恢复安全的标志。”苏珊告诉我。

“我爱你！”视频里的母亲说，这个小男孩随即安静下来。然后，母亲把他放了下来，但正如苏珊所说，现在还为时尚早。小男孩又变得烦躁起来，于是母亲又把他抱了起来。几分钟后，苏珊指出，现在男孩在母亲面前觉得安全了——他的安全基地恢复了稳定。我们看到，母亲又把他放了下来，然后他继续回去摆弄玩具。

我说，这一切似乎都取决于母亲行动的时机——看男孩此刻是否得到了他所需要的东西。

“确实如此，”苏珊同意我的说法，“有时你会看到明明父母的出发点是好的，但不知出于什么原因，他们与孩子就是难以同频。”

在依恋理论中，“同频”指的是父母感知到了孩子的需要，并做出相应的回应。“没有人能百分之百地理解孩子发出的信号，”苏珊补充道，“但是，父母对孩子发出的信号解读得越正确，并采取相应行动，他们与孩子就越同频。”简单来说，同频意味着读懂并遵循孩子的愿望。对婴儿来说，这可能包括有规律的喂食、安抚性的触摸、以可预测的模式与自己一起移动并注视着自己、与自己的情绪保持一致而不是阻断它。

我们继续看视频。就在这时，男孩的母亲又起身离开了房间。男孩立刻尖叫起来。苏珊用叙述的口吻说：“我害怕极了！她又走了！”

“上次他还能好好地掩饰，”苏珊观察到，“但是这次太严重了。房间里只剩下男孩一个人，那个陌生人也安静地离开了。”

“好的，陌生人又回来了。”苏珊说道。按照设定，陌生人先回来，这样我们就可以看到男孩的反应，然后将其与母亲回来之后的反应进行比较。

对一些孩子来说，苏珊解释道，这是最紧张的时刻：“他们期待母亲回来，但她却没有，你可以观察到有些孩子在这个过程中几乎无法再坚持下去，随后门口有了动静，他们很高兴，但当他们看到是陌生人时，情绪就再也绷不住了。”

但事实上，那个陌生人至少给了小男孩一点点安慰。渐渐地，他的哭声变小了，他试图屏住呼吸，不再哭泣。

“他的确有控制自己情绪的能力。”苏珊说，同时指出这个男孩还会偶尔看向身边的地板，似乎对玩具还保有一点兴趣。

“再等一等，你妈妈马上就回来了。”这个陌生人说道。

为了强忍住泪水，男孩的肩膀微微地颤抖着。

“他在克制自己，真的在克制。”苏珊说道。

“嗯，”在最后一个片段开始的时候，小男孩的母亲终于返回房间，苏珊喊道，“她来了。”这个男孩径直向母亲跑了过去。

母亲把小男孩抱起来，他用双臂环抱住母亲，母亲拭去了他的眼泪。

“他做到了，显然放松了下来，”苏珊说，“不过，他没有低下头。没有完全‘成型’。”

“成型？”我问道。

“也就是完全放松下来。”她回答，随即做了个手势：一只手张开，包裹住另一只作握拳状的手，表示两样东西完美地结合在一起。

在编码中，我们使用“成型”一词表示孩子的身体紧紧地贴着照顾者，尽可能多地与照顾者接触，通常是胸贴胸、心贴心。

这位母亲把小男孩放了下来，自己又坐回到椅子上。小男孩静静地站了一会儿，环顾四周，然后开始安静地玩玩具。

“他已经很棒了，但仍然有点喘不过气。”苏珊说。很明显，他在努力安抚自己，从刚刚的情绪中恢复过来。

小男孩时不时地抬头看向母亲。

“他还需要更多的互动，”苏珊说，“所以他看着她微笑，然后继续玩耍。这一点非常重要：他在与母亲分享成功的喜悦，这是联结存在的标志。小男孩对这样的接触没有回避或矛盾的心理，实际上，他认为‘我做了一件很酷的事，我想让你知道’。”

陌生情境测验结束了。

“这个小男孩似乎真的很努力地在控制自己的情绪，自我调节，”苏珊说，“例如，当陌生人回来时，他能够依赖这个人来缓解悲伤。最后，当他重新开始玩耍，并积极地和母亲分享时，我们可以确定，他拥有一种牢固可靠的安全型依恋关系。”

苏珊解释说，如果把这份影像资料作为研究的一部分来编码的话，会有第二个编码员——称为“可靠性编码员”——来独立评估至少 20% 的影像资料。然后她会将自己和可靠性编码员的编码结果进行比较，苏珊说：“我们通常会有 90% 的一致性，即使存在误差，也不会太明显。这是确保测试准确性的‘信任票’。”

焦虑型依恋儿童的表现

苏珊说，我们接下来要看的是一个一岁小女孩的视频，她属于焦虑型依恋。一想到要看这个视频，我突然感觉有点紧张，但我没有告诉苏珊。即使科蒂纳医生已经通过成人依恋访谈把我“升级”为获得性安全型依恋，但我潜在的依恋风格仍然是焦虑型的，我确信我小时候就是那样的。我对于即将要看到的画面感到不安。

视频中，出现了一位身材魁梧的母亲和一位面色苍白、瘦弱的小女孩，小女孩的头发扎得紧紧的，梳成了两条短短的马尾辫，她穿着一件白色 T 恤，上面印着一个大大的“0”，我觉得这是个不好的征兆。

在视频开头，这位母亲试图和女儿一起玩耍，她拿着玩具车在女儿的手臂上来回移动。“焦虑型依恋孩子的母亲，”苏珊说，“很容易像那样打扰别人，不是打打闹闹就是挠痒痒。我觉得部分原因是她们觉得仅仅靠接触不足以安慰孩子，所以她们就尝试了所有其他方法。”

陌生人还没有进来，小女孩就哭了。

苏珊解释说，焦虑型依恋的孩子不会把母亲当作一个安全基地。“这是焦虑型依恋的本质，”她说，“寻找安慰，但却无法得到安慰，因为母亲的反应是前后不一致的，他们不信任彼此之间的关系。”这类孩子想要母亲的陪伴，但却不知道怎么表达才能达到目的，所以他们就变得很愤怒。或者，正如一位研究人员所说，“这类孩子的特点是寻求接触，可是一旦接触成功，又愤怒地抵制接触”。

当陌生人进来时，孩子一时被吸引了注意力，但很快又哭了起来。尽管仍然被母亲抱在怀里，但她的身体却离母亲很远，很明显没有“成型”。

然后，母亲把小女孩放了下来，小女孩哭了起来。

苏珊评论道，跟安全型依恋的孩子相比，这个孩子调节情绪的能力要差得多。

当母亲离开房间时，小女孩哭得更大声了；而当母亲返回时，小女孩走向母亲，却拒绝了母亲的拥抱——她看起来很生气，转过身背对着母亲。

看着这个焦虑的小女孩在母亲返回后，反而开始生气，我联想起在我三四岁时发生的一件事。当时，我的父母旅行回来，为了能在第一时间就看到他们，我站在楼梯中间远远地望着门口。但在我看到他们的一瞬间，突然有一股怒火涌上了我的心头，我跑回了自己的房间。我还记得父母对我当时的行为很惊讶，他们很难理解为什么我会那样做。

视频中的小女孩虽然被母亲抱在怀里，但她的脸却转向别处，一直在哭泣。“她的母亲会做什么呢？”苏珊问道，“她会不会说‘亲爱的，你还好吗？’不，她没有，她给自己的女儿拿了一本杂志。”只见这位母亲从椅子旁的桌子上拿了一本新杂志，朝她的孩子随意地挥舞。

小女孩尖叫着向后躲得更远。她母亲说："没关系。她已经走了，看不见了。"苏珊说："母亲认为是陌生人让她的孩子感到不安，而没有意识到孩子的焦虑源于她自己。"这位母亲试图让小女孩离自己近一些，但这个孩子却在向后退。然后，小女孩把下巴靠在母亲身上。"看，多么尴尬！"苏珊说，她的声音听起来很沮丧，"一般的孩子都不会这样依偎在别人身上。"

在视频中，小女孩越哭越厉害。

"没事了，没事了。"她的母亲一直在重复这些话，但是并不起作用。

苏珊总结道："这是一个典型的特别焦虑的孩子。"

"这个小女孩将来会怎么样？"在苏珊关闭视频时，我问道。

"我猜，当她上幼儿园时，她会在父母离开时哭得很伤心，而且无法平静下来；她会是那种遇到点小事就招架不了的孩子，比如，有人从她手里抢走一个玩具，她就会失控。"

"那她还能学会稳定自己的情绪吗？"

"也许能吧，但我认为再也不可能回到最初的状态了，"苏珊说，"头几年对孩子的心理健康发展至关重要，如果孩子感到不安全，之后就很难会觉得安全。"

回避型依恋儿童的表现

第三个视频关于一个回避型依恋的小女孩，她只有 18 个月大。我在哈里的课程中了解过这种类型的孩子，他们一直没有得到足够的关爱，最后基本上放弃了寻求照顾。

第一个孩子的依恋风格是安全型，第二个是焦虑型，这两个孩子与我现在看到的回避型依恋的孩子之间形成了惊人的对比。例如，当母亲离开时，这个小女孩没有表现出任何明显的反应，她坐在一堆玩具中，似乎一点也不想念母亲。后来，这个小女孩继续一个人安静地玩耍。当陌生人过来后，她站了起来，看着陌生人，嘴里嘀咕了些什么，然后走向陌生人。"我们希望看到女孩这样回应她的母亲，而不是陌生人。"苏珊说道。但是在最后一个片段中，当母亲回来时，这个小女孩只是看了她一眼就走开了。她的注意力仍然集中在玩具上，她把头转到一边，并没有看向母亲。

在有关依恋理论的文献中，我了解过这种类型的孩子可能会有什么样的表现——忽视或远离他们的母亲，但当真的看到有孩子这样做了，我还是感到很难过。

"最后两个视频我都不太敢看。"我对苏珊说。

"确实会这样，"她同意道，"如果我展示一个混乱型依恋的孩子，你更看不下去。"

"混乱型？"

苏珊提醒了我，确实还存在第四种依恋风格——混乱型依恋，哈里曾在他的课堂上提到过。他说，这种依恋风格的人既"回避"又"焦虑"，这当然是最坏的情况。

在一般人群中，只有 5% 的儿童属于混乱型依恋。但在因遭受经济和家庭双重压力而与父母关系紧张的儿童中，这一比例通常会急剧上升——一些研究者认为可高达 60%。而在父母疏于管教或遭受虐待的儿童中，这一比例又上升至接近 80%。在孤儿院及其他收容机构中长大的儿童中，也发现了很高比例的混乱型依恋。然而，在一项很有前景的研究中，罗马尼亚收容机构的儿童在被安置在寄养家庭后，混乱型依恋的表现有所减少，特别是当他们是在两岁之前被寄养在安全型依恋的养父母家中时。

那天，苏珊没有给我看任何混乱型依恋风格孩子的视频，但我却很想了解他们到底是什么样的，于是我去拜访了一家庇护中心，看那里的孩子们（其中一些孩子可能属于混乱型依恋）与亲人团聚的情景。

混乱型依恋儿童的表现

这家庇护中心的入口处有一个金属探测器和一道道锁着的门。门口的一块牌子上列出了禁止携带的物品，其中包括刀具、剃须刀片、锤子、扳手、餐具（勺子、叉子、黄油刀）以及金属发卡。

我对这个禁令感到十分好奇，为什么连黄油刀都不让带，直到一位工作人员告诉我，有个小女孩脖子上的疤就是她父亲用热黄油刀烫伤的。

在庇护中心，我看到一个泰迪熊玩偶挂在等候区的一棵圣诞树的树枝上。一个名叫比亚的两岁小男孩站在圣诞树旁，怀里抱着一个紫色的熊娃娃。他和其他三个蹒跚学步的孩子，还有两个坐在安全座椅里的婴儿，一起乘坐面包车来到这里，他们都是从日托中心或家里被接走带到这里的。这家庇护中心位于我的家乡纽约州罗彻斯特市，法院规定这些寄养孩子的父母每周都要来看望他们。

为了保护隐私，我不会透露孩子及其父母，还有一些工作人员的真实姓名和身份信息。

“你好，小帅哥！”一个名叫玛拉的社工在问候比亚，“你今天穿得真漂亮呀！”玛拉摘下比亚的滑雪帽，露出一头卷曲的黑发，并帮他脱下黑色的夹克和靴子。当比亚转过身时，我看到一块尿布从他的牛仔裤裤腰上露了出来。

“希望你母亲今天会来看你。”玛拉说。按照计划，10 分钟后比亚会与母亲会面一个小时，但比亚的母亲却经常错过探视时间。

玛拉今年 29 岁，在庇护中心工作之前，她曾在一所小学教书。虽然她只有中等身材，但却给我留下了一个“身强体壮”的印象。我可以想象她会怎样安慰一个发脾气的孩子，或是管教一个好斗的青少年。

“我们再给家长 30 分钟的时间，”她轻轻地告诉我，“如果她还不出现，我们就取消探视。”如果发生这种情况，我们会让比亚返回护理中心。

就在这时，电话响了。

“太好了！”玛拉说，“让她进来，我们在 132 房间。”

“你妈妈来了，小帅哥。”

玛拉把她的安全徽章按在一把电子锁上，打开了里面的门，她拉着比亚的手，沿着一条宽阔的走廊向探视室走去。

当研究者开始使用陌生情境测验来评估儿童的依恋类型时，他们发现有少数孩子表现出了不属于任何常规依恋类型的奇怪行为。在最后一个场景中，当母亲返回时，这些孩子一开始会靠近母亲，但随后就僵住了，他们或是往后退，或是举起一只手挡在脸上，或是直接跌倒在地。对这些儿童的背景调查显示，其中多数人都曾遭受过忽视和虐待。

研究者把这些孩子归为第四种依恋类型——混乱型依恋。正如一位研究者伯特·鲍威尔（Bert Powell）和他的同事所解释的那样，“这些孩子潜在的共同点是，他们似乎想接近照顾者，但又害怕他们”。安全型依恋的孩子在受到惊吓时会伸手向照顾者求助；回避型依恋的孩子会远离照顾者，分散自己的注意力；焦虑型依恋的孩子会加倍依恋照顾者；而混乱型依恋的孩子则陷入了两难困境：他们的恐惧是无法解决的，因为安全的来源也是他们恐惧的来源。鲍威尔等人写道：

> 孩子们有一种四百万年前就有的本能，即逃离他们害怕的东西；当他们受到惊吓时，他们的第一反应就是跑向照顾者。但当他们害怕的是照顾者时，他们就陷入了一种困境：他们既想靠近又想远离照顾者。

不仅仅是公然的虐待，如殴打，会导致儿童产生这种程度的恐惧，其他类型的恐怖事件和恐吓行为也会产生这种后果。

例如，在马里兰大学，心理学教授朱迪·卡西迪给她的研究生们播放了一段视频，视频中一位母亲无意中让她五个月大的儿子产生了混乱型依恋。视频中，这位母亲在孩子面前粗暴地摆弄着玩具，强迫他扭头看，还嘲笑他的痛苦，并且假装老虎咆哮着扑向孩子。

卡西迪博士解释说："婴儿在这里学到的是，母亲'不是一个我在难过时可以寻求安慰的人，而是那个让我难过的人'。"她接着说："我认为这个母亲是爱孩子的，她只是意识不到自己的行为意味着什么，但这就是孩子'学到'的东西。这真的很令人难过。"与视频中的母亲一样，那些小时候受过虐待并属于混乱型依恋的父母，比其他人更有可能虐待自己的孩子，然而，相反的一面也是事实，大多数受过虐待的人并不会虐待自己的孩子。

在庇护中心，我很好奇比亚和他母亲见面的情景会是什么样的。他会表现出那些混乱型依恋的孩子见到父母时常有的行为吗？比如身体僵直、倒着走路，或者原地转圈圈。在我还在设想各种可能性的时候，走廊另一端的安全门打开了，比亚的母亲——一位身材苗条、黑色长发、看起来很有魅力的年轻女士——向我们走来。玛拉放开比亚的手，他母亲迅速把他抱了起来，并亲吻他，一遍又一遍地说："我爱你，宝贝。"

比亚可能根本就不是混乱型依恋。

这家庇护中心给人的感觉跟家差不多，有点像书房或家庭娱乐室。房间里有沙发、书架、装满了玩具和游戏用具的柜子，还有一个小饭桌和几把椅子，中间铺了一块柔软的地毯，孩子们可以坐在上面玩耍。

当比亚的母亲和玛拉讨论她的假释事宜时，比亚在柜子里找到了一个音乐盒，然后坐在母亲的膝上玩耍。

这家庇护中心可通过两种方式进行探视：监视型探视和监控型探视。在监视型探视期间，工作人员也会待在会面的房间里；在监控型探视的情况下，父母可以在工作人员不在场的情况下与孩子单独相处，工作人员每 15 分钟检查一次即可。比亚的探视类型是监视型探视。

比亚的母亲带来了午餐，他们一起坐在桌子旁吃饭，她用塑料勺子（禁止使用金属器皿）喂比亚吃饭，比亚两次拿起勺子也想喂她。"不，这是给你的，宝贝。"她说道。

混乱型依恋的孩子可能会试图控制和父母的互动，有时会想要取悦或安抚父母。正如一位工作人员所说，"一些孩子完全变成了家长，试图在探视过程中发挥主导作用，以便一切顺利"。我不知道比亚是不是真的想给母亲喂饭、给她拿玩具。早些时候，我曾看到一个大约三岁的小女孩试图给她父亲喂午饭。

午饭后，比亚笑容满面地走回玩具柜旁，给他母亲拿了更多的玩具。

玛拉后来解释说，这些孩子通常要在庇护中心待上好几个月，个别孩子会待上几年。大多数孩子是由于被忽视而不是被虐待来到这里的，包括那个被黄油刀烫伤的小女孩，尽管他们的案件涉及了性虐待、烟头烫伤、骨折、用绳子和皮带鞭打、脑损伤、视网膜脱落、听力损伤和四肢骨折等恶劣行为。

忽视是一个广泛的概念，包括未得到充足的衣食住行和医疗保障；缺乏监督和教育；由于嘲笑、敌视、家庭暴力或被遗弃，无法拥有足够的安全感。

我后来了解到，比亚之所以被寄养，是因为他母亲在生他时只有 20 岁，没有足够的能力抚养他。玛拉解释说："隔三岔五就没饭吃，也是忽视的一种形式。"此外，比亚的母亲在监狱服刑，无法为比亚安排住所，更无法照顾他。玛拉说："她儿子成长的大部分时间，她都要在监狱里度过。"

我问玛拉，这些孩子是否会对工作人员产生依恋。

"一些孩子确实更依恋我们，而不是父母。"

我很难理解这一点。直到玛拉指出，这是由于每次探视都有工作人员在场，许多寄养儿童与亲生父母待在一起的时间与工作人员差不多，而且通过培训，庇护中心的工作人员往往更能满足儿童的需要。

比亚仍坐在地上，安静地玩着玩具。

"比亚也许会喜欢游戏室。"玛拉说。

这家庇护中心的室内游戏室里有一个大型攀爬玩具，里面有一个红色的波浪形滑梯，还有几十个不同的玩具——大部分是社区捐赠的。游戏室里还有另外两个孩子：一个大约一岁的小女孩，扎着高马尾，戴着粉红色的发夹；一个和比亚差不多大的男孩，穿着一身黑衣服，当他拿起一把吉他开始弹奏的时候，我觉得他有点像约翰尼·卡什[①]（Johnny Cash）。他俩都和家长在一起：小女孩和妈妈在一起，小男孩和爸爸在一起。

比亚径直走向那个大型攀爬玩具。他对每个人都笑了笑，然后一个人玩得很开心。后来，他在油毡地板上推着卡车玩具走，最终发现自己站在了一个波浪状的、能扭曲形象的小镜子面前。这种镜子根据你站的距离远近，会让你变高、变矮、变胖或变瘦。

“你看到了什么，小伙子？”玛拉问道。

我猜这就是问题的关键所在：比亚看到了什么？

他没有回答玛拉的问题。

我真的不知道比亚是不是混乱型依恋，这需要对他和他母亲进行陌生情境测验。但可以肯定的是，一些喜欢盯着镜子看的孩子确实是混乱型依恋，所以玛拉的问题“你看到了什么”很贴切。混乱型依恋的本质是对父母和孩子之间正常关系的彻底扭曲，其结果是扭曲了孩子的安全感、幸福感以及他如何看待自己与世界的关系。

这种扭曲可以从儿童早期的混乱型依恋和一种被称为“分离性障碍”的成人精神疾病之间的联系中体现出来，具体表现为人格分裂、记忆丧失和类似于创伤后应激障碍的症状。自伤、割伤与烧伤也与混乱型依恋有关，特别是与童年期虐待有关。

当比亚回去玩滑梯时，他母亲走到一堆玩具前，拿起一个电子字母板，当你按字母板上面的任意字母时，会发出字母的读音。她把这个字母板拿给比亚看，当时他正站在滑梯上，她按了“A”和“B”，试图让比亚跟着读出来。但比亚只是笑了笑，发出一声欢快的声音，

---

① 美国乡村音乐创作歌手。——译者注

然后从滑梯上滑了下去。

“他有语言障碍。”玛拉对我说。直到那时，我才意识到，我从未见过比亚说话。他总是微笑，发出愉快的笑声，但我从未听他说过任何一个字。“生活在寄养家庭的儿童通常都会有发育迟缓的迹象，”一篇关于儿童发展的论文指出，“包括语言能力的发展。”但也不是所有正常发展的两岁孩子都会说话。那么，这是虐待的迹象，还是混乱型依恋的特征？与比亚在探视室里的“父母”行为一样，我无从知晓原因。

当比亚在滑梯上玩耍时，我的目光落到了一个之前没有注意到的物体上：一把灰蓝色的塑料儿童椅。我对这种椅子很熟悉，在我孩子还小的时候，我家里也有一把一模一样的椅子。我的女儿们在和比亚差不多大的年纪，会一连几个小时坐在椅子上，面前是一张配套的桌子，她们就在那里开心地画画、上色和玩游戏。那把椅子使我的孩子们和比亚之间的差别显得更加明显，就像一道鸿沟一样，难以逾越。

如果比亚确属于混乱型依恋，再加上他本就面临不利的经济和社会环境，那他以后的生活可能会更加困难。研究表明，混乱型依恋和由此产生分离性障碍的孩子通常会缺乏社交技能和自控力，他们无法在学校教育中取得成功。2010 年，研究者对约 60 项涉及 6000 多名儿童的研究进行了元分析，结果发现，那些被评定为混乱型依恋的儿童在童年后期更容易表现出对立行为、敌意和攻击性。尽管男孩所面临的风险更大，但女孩也会有风险。一项针对监狱囚犯的研究表明，36% 的囚犯被认定为混乱型依恋，此外，82% 的精神病患者也被认定为混乱型依恋。一位犯罪心理学家认为，混乱型依恋可能是日后青少年犯罪和暴力犯罪的直接风险因素。

高危儿童中普遍存在混乱型依恋，这让人很不安，这不仅会影响这些儿童及他们的家庭，还会对社会造成巨大的影响。幸运的是，研究人员正在开发一系列干预项目，用来将混乱型依恋和其他非安全型依恋转化为安全型依恋。

在一个名为“亲子心理治疗”的项目中，治疗师每周都会与接受治疗的母亲和婴幼儿在他们的家中会面，会面持续一年。治疗师会同时观察母亲和孩子，改变母亲可能因自身成长过程影响而形成的对自己和孩子的错误认知，并帮助其对孩子的需要做出及时的回应。最近的一项针对 137 名 13 个月大的受虐待孩子的研究表明，在参加这项治疗之前，89.8% 的儿童属于混乱型依恋（通过陌生情境测验得知），而在治疗结束之后，这一比例降至 32%。而没有参加这项治疗的对照组受虐儿童，一年之后混乱型依恋的比例没有下降。

在另一个名为“安全感圆环”的项目中，由家长组成的小组与工作坊负责人会面，学习依恋理论和良好的育儿技能。这项干预有望降低非安全型依恋孩子的比例。

这些项目的费用是高昂的，特别是那些涉及家访的项目，但与应对辍学、犯罪和暴力犯罪的社会成本相比，这些简直微不足道。

“还有 10 分钟。”玛拉对比亚的母亲说，暗示她这次探视要结束了。

比亚的母亲开始收拾午餐盒，比亚突然显得很害怕，脸上经常挂着的笑容不见了。当母亲帮他穿上黑夹克和靴子时，他的脸色很不好。当母亲穿上自己的外衣时，比亚失控了，开始大哭起来。

另一位工作人员出现在门口。“探视结束了吗？”她问道。

“比亚，”玛拉温柔地哄着他，“去抱抱妈妈。”

但比亚没有去找他的母亲，而是跑到玛拉身边，他那件笨重的黑夹克紧紧地贴着她的腿。玛拉跪下来安慰他，但他仍然号啕大哭，后来，他又跑到门口的一位工作人员那里，抱住了她。工作人员轻轻地把他拉开，引导他去母亲那里。

“去妈妈那儿吧。”她催促着。

比亚尖叫着跑了一圈，一边哭一边跑到他母亲身边。她一把抱起他，并抱紧他，试图安慰他。“我下周再来看你。宝贝，我爱你，我爱你！”她说着，然后把他递给玛拉。

“问题是，”另一名工作人员压低声音说，以防其他人听到，“他不知道谁是自己的妈妈。”

这对孩子的伤害很大。三岁那年，我说话也不利索，一位儿童心理学家对我母亲说了同样的话。尽管我和比亚的社会经济背景有着天壤之别，我们的年龄也相差了半个世纪，但我看见比亚紧紧地抱着他的母亲，突然感觉自己和这个因惊恐而泪流满面的小男孩产生了一种联结。

这些出现在视频中的孩子——不管是属于安全型依恋还是非安全型依恋，当然还包括庇护中心的比亚，都有力地向我证明了童年早期依恋关系的重要性。哈里在大学课堂上曾说，从这些早期的经历中，我们形成了关于在一段关系中应该期待什么，以及如何表现的信念或心理模式，这些会伴随我们一生。哈里解释说，这些心理模式之所以能够持续存在，是因为它们已被刻进了我们的大脑，引导着我们的行为。

我在想：我们真的可以看到大脑中的这些模式吗？现代科技能让我们做到这一点吗？如果可以，我能看到自己大脑中的模式吗？陌生情境测验可能需要高科技来升级一下。

第4章

脑部扫描：依恋与大脑活动的关系

我们的依恋风格会反映在大脑中吗

“我要把你的袜子脱下来，”她说，“然后把这些电极放在你脚踝的正上方。”那个帮我脱袜子的年轻女士叫萨拉，是弗吉尼亚大学临床心理学教授詹姆斯·科恩（James Coan）的实验室协调员。那是一个美好的春日，鸟鸣嘤嘤，木兰花开，但我们却在一幢校外建筑的地下室里，这里有一台大型西门子磁共振仪。这是科恩博士在实验室里用来研究情绪和人际关系神经科学的仪器之一。

我来科恩的实验室是为了了解依恋理论的生物学基础。我们早期的依恋经历所形成的关于关系应该如何运作的心理模式——哈里所称的“大脑模式”——真的能被看见吗？

我的另一个目的与我自己有关：我的依恋风格真的是毛里所说的“获得性安全型”吗？

在科蒂纳医生的建议下，我请求肖沙娜·林格尔（Shoshana Ringel）再一次审阅了我的访谈报告——她来自巴尔的摩，是一位接受过成人依恋访谈编码培训的心理治疗专家。她逐字逐句地看了一遍，对我的每个回答都进行了编码，最后得出结论：我的主要依恋类型是安全型。她还提到了其他一些因素：回答问题轻松自如、思维连贯、能够包容父母并接受父母的不完美，以及能够轻松接受自我的不完美。

但她也看到了一些依恋焦虑的证据。她指出，“具体表现形式是对依恋对象或过去创伤经历的关注，特别是对不幸的养育经历或潜在的创伤经历的轻度关注。”

不过，总而言之，林格尔的评估结果与科蒂纳医生一致：获得性安全型依恋。詹姆斯·科恩和其他研究人员使用功能磁共振成像（fMRI）技术在近几年进行了一些研究，用科恩的话来说，“通过神经活动测量依恋风格的个体差异”。难道大脑里有任何可视物能够证明个体是哪种依恋风格吗？

当萨拉在我脚踝上涂抹导电胶时，一名技术员走了进来。他看到坐在我旁边的科恩医生，问道：“嘿，你这个夏天过得怎么样？”

他关注的焦点其实是科恩的发型。就在前一天晚上，我看了科恩几个月前的一个演讲视频，他在演讲中将赤褐色的头发高高束起，扎成马尾——不是中年男人有时会扎的那种又短又细的马尾辫，他的头发浓密丰厚，很像一条真正的小马的尾巴。

“哦，我挺好的！”科恩笑着回答道，“你从没见过我留短发，怎么样？”

“很好看。”技术员说。

我很认同他的说法，科恩身材匀称，至少在我看来，头发剪短会使他看起来更年轻、更有活力，尽管他仍然留着八字须和山羊胡。

科恩的演讲名为《我们为什么要牵手》。在演讲中，他讲述了这样一个故事：当他还是一名年轻的弗吉尼亚州医院的临床医生时，他遇到了一位患有创伤后应激障碍的老兵。科恩发现，只有在相濡以沫的妻子握住他的手时，这位年长的病人才会敞开心扉，谈论他的战争经历。

从神经学的角度来看，科恩很好奇为什么牵手对他的病人如此重要，于是他设计了一项磁共振脑成像研究。在这项研究中，被试会面临被电击的威胁：如果他们看到的是一个蓝色的圆圈，就意味着他们是安全的，但如果他们看到的是一个红色的“X”，那他们将有 20% 的可能遭受电击。科恩说：“我们会让他们非常焦虑！”实验过程中，被试处于以下三种情况之一：牵着陌生人的手、独自一人、牵着爱人的手。

“结果我们发现，”他说，“如果你独自一人，周围的环境很吵，而且还伴随着电击的威胁，那你的大脑会像发光的圣诞树一样‘亮’起来。”他解释说，大脑有很多事情要处理：讨厌这种体验，想要逃离，但同时还要进行自我调节，使你不至于真的从设备上逃走。

他说，如果你握着陌生人的手，那你大脑中与生理唤醒相关的部分，包括心率和控制身体采取行动的部分就不会那么活跃。但如果你握着爱人的手，他说，“我们观察到大脑的反应大大减弱。”如果人们觉得没有太大威胁，就不会激活大脑中自我调节和释放压力激素的区域。换句话说，在关系良好的情况下，似乎仅靠牵手就能解决这个威胁。

这项研究为科恩和他带领的弗吉尼亚情感神经科学实验室赢得了很多关注。科恩的研究成果被《纽约时报》《华盛顿邮报》和其他国内外媒体争相报道。

让我们再回到实验室来，萨拉在我脚踝正上方的导电胶里插了一个大约半枚硬币大小的塑料电极。

那天早些时候，詹姆斯·科恩来酒店接我一起去喝咖啡。我们坐在学校附近的一家咖啡馆的露台上，我问他是否可以为两个孩子做磁共振成像，一个是安全型依恋的孩子（那个在陌生情境测验的视频中穿着恐龙T恤的15个月大的男孩），另一个是非安全型依恋的孩子（比亚，那个我在庇护中心见到的两岁的男孩）。到底能从他们的脑部扫描中看出区别吗？

“当然，百分之百可以。”但他又提醒道，大脑中并没有一个专门控制依恋行为的独立区域，“你会看到，大脑中负责各种不同任务的系统之间存在很大差异，没有单一的模块专门供我们进行关系研究。”

正如科恩所说，大脑中没有哪个模块会主动提示你的依恋风格是安全型还是非安全型，但已知有些模块与情感相关，不同依恋风格的人通常会有不同的情感体验，包括我们如何对面部表情等社交信息做出反应，如何处理快乐、恐惧和悲伤等情感，如何应对威胁和奖赏，以及如何应对社会接纳或排斥。

在一项研究中，研究者对30位新妈妈的依恋风格进行了成人依恋访谈，让她们接受了磁共振扫描，并给她们看婴儿的面部照片。根据结果，研究者报告了一个大脑激活方面的显著差异：与回避型依恋的母亲相比，安全型依恋的母亲的大脑与“奖赏加工”相关的区域表现更加活跃。

在另一项研究中，研究者要求接受磁共振扫描的被试数屏幕上的点，并在随后向他们展示了一些评测人员的面部照片——有些照片上的表情是微笑，有些是愤怒。作为回应，回避型依恋的人的大脑中与接收社交信息相关的区域表现出“低激活”的状态，而焦虑型依恋的人则表现出“高激活”的状态。研究者指出，这些结果与理论研究的结果相一致，即回避型依恋的人倾向于不寻求社会支持，而焦虑型依恋的人则可能会对面临的威胁表现出“更高的警惕性”。

在一项关于依恋如何影响大脑对社会排斥的反应的研究中，被试需要和两个“玩家”玩一场线上虚拟球游戏，他们的大脑活动始终处在扫描仪的监控之下，但实际上，与被试一起玩游戏的是预先设定好的计算机程序，而不是真实存在的“玩家”。

在测试进行到一半时，这两个“玩家”开始互相扔球，而将被试晾在一边，在剩下的游戏时间里，被试只能看着他们玩游戏。结果会怎么样呢？焦虑型依恋的被试与社会排斥相关的大脑区域呈现出了“高激活”状态，而回避型依恋的被试在同样的大脑区域呈现出了“低激活”状态。研究者总结道，“因此，对社会排斥的反应，部分取决于个体在焦虑型依恋和回避型依恋方面的差异。”

“那么，如果你把我放在磁共振仪里，”我问科恩，“有没有实验可以证实我在成人依恋访谈中的结果呢？”

他告诉我可能会有。

“也许我能找到标记。”他说，并提议让我做磁共振扫描，进行牵手实验。

“你将经历的预期性焦虑应该会产生一些能够揭示依恋风格的标记，”他说，但又提醒说他不能保证一定会有结果，“我们可能无法从只有一名被试的独立样本中识别出任何关于依恋的信息。可能没有足够的数据，而且我们也没有关于你的基准线，不过我们还是要试一试。”

实际上，我们做的是一个精简版的实验，因此数据会比正常情况下要少。有的实验方案要求进行三轮电击威胁：牵着陌生人的手；独自一人；牵着爱人的手。但由于我是一个人来夏洛茨维尔的，而且那时我还没有对象，所以我们要跳过最后一部分。

“我们去吃午饭吧，”科恩说，“然后你就要进入扫描仪中了。”

依恋理论的局限：对社交的忽视

科恩上大学时的专业是心理学。午饭时，我问他，是什么吸引他高中一毕业就开始学习心理学的。他回答说，事实上，他甚至没有直接去上大学。他说 18 岁时的自己“有点狂野”“不爱学习”。在华盛顿州的斯波坎，他和继父一起做装修。直到 21 岁，他才进入一所社区大学学习。后来，在华盛顿大学，他和著名的婚姻心理学家约翰·戈特曼（John Gottman）一起工作，最终在 28 岁时考上了研究生，开始做大脑方面的研究。

就在这时，科恩的妻子凯特打来电话。凯特是一位摄影师，她问科恩能不能去接一下孩子。科恩和凯特有两个女儿，一个一岁，另一个三岁。

他承认，作为一位丈夫、父亲、教师和活跃的研究人员，特别是在他的研究获得了广泛关注后，他忙得不可开交。

“我的研究非常受欢迎，这是一件喜忧参半的事——不，我的意思是，这是一件幸运的事——但我仍然学不会如何拒绝，这意味着我似乎总是在对别人说‘对不起’。”科恩说。

事实上，我花了好几个月的时间才联系到科恩，因为总有人告诉我他很忙。

“是啊，”科恩笑着说，“很抱歉。”

仔细想想我对科恩的一些了解，他不墨守成规，有点特立独行，自成一派。我很好奇他是否学过任何正统的理论，包括依恋理论。

“那么，科恩，”我问道，“你认可依恋理论吗？你读过鲍尔比的书吗？”

“当然了，”他说，“但我认为它是心理学上的牛顿物理学：尽管适用于很多情况，但并不完全正确。”

“在哪些方面不正确？”

“它过于强调依恋对象了，”他说，“它没有看到人类对社交的偏好程度。”

“为什么这么说呢？”

他说：“人类本质上是善交际的，因此只考虑依恋对象是不够的，特别是对孩子来说，依恋理论导致了一些错误的建议，比如一些研究人员大声疾呼‘我们不应该把两岁以下的孩子送到托儿所’，这很荒谬。”人类的幼崽被设定成立刻就能拥有多个照顾者，而母亲却没有被设定成专门喂养和照顾他们的人，这就是它误导我们的地方。这不利于人类的发展，特别是不利于女性的发展。

“但是，有关母子关系的概念不正是依恋理论的核心吗？”

“是啊，这就是问题所在，”他说，“陌生情境、安全基地和避风港，这些都非常适用于依恋对象，但同时也适用于更大的社交网络。”

他说：“在成人关系中，我们也过于强调只依恋一个人。”

“库尔特·冯内古特[1]（Kurt Vonnegut）在某种程度上就看到了这一点，”他说，“每当他看见有两口子吵架，他都想引导他们互吼‘你的家人不够多！’，这就是问题的核心。”

我查了一下这句话的出处，跟科恩说得差不多。这句话出自冯内古特的小说《时震》（*Timequake*），他在书里写道：“50% 或更多的美国家庭之所以走向破裂，是因为我们大多数人不再拥有大家庭。现在，如果你和某人结婚，你得到的只有他一个人。夫妻吵架，本质上并不是因为钱、性或者权力，真正的原因在于——‘你的家人不够多’。”

说回孩子的问题，科恩刚才是不是说过婴儿可以被更多的照顾者抚养？

“不是可以，而是应该。”他回答道。

“有研究能证明这一点吗？”

“大部分是人类学方面的，但是，”他说，“鲍尔比用黑猩猩和其他类人猿做了大量的研究，试图从进化论的角度来发展依恋理论。确实，猿类在幼崽断奶前会把它们紧紧地抱在身上，不让任何生物触摸或靠近它们。但人类却有所不同，在世界各地，人类母亲几乎都允许其他人照顾她们的婴儿，而这些人类幼崽显然没有因此而痛苦。”

“如果一个孩子不是由自己的母亲养大的，”我问道，“而是由同村的六个人——有男有女——共同养育的话……”

“那这个孩子会把这六个人都当作依恋对象，”科恩说，“就跟陌生情境测验中孩子对待母亲的方式一样。”

然而，有趣的是，在以色列早期的集体农场中，婴儿被迫远离家

---

① 美国黑色幽默作家，代表作有《五号屠宰场》《猫的摇篮》等。——译者注

人，集中在一起睡觉。之后的研究表明，其中很多孩子表现出了焦虑型依恋。然而在现代的集体农场里，家庭的睡觉安排是标准的，研究表明这里的儿童依恋风格呈正态分布。

“陌生情境测验不一定是错的，”科恩继续说，“只是我们从中学到的东西很有限，忽略了故事的很大一部分。我担心的是，不论是回避型还是焦虑型依恋，造成非安全型依恋的原因都是过度依赖一个无法做到满分的依恋对象，因为她真的没有能力把一切都做好。”

我提到了一场叫作“亲密育儿”的育儿运动，倡导者鼓励母子之间亲密而频繁的身体接触。

“哦，他们错了，”他说，“他们的建议对孩子来说很危险。我不想夸大其词，但除了真正的忽视和虐待，别的情况孩子们都是有能力适应的，他们意识到的大多数结果与养育方式几乎毫无关系。那种‘别把你的孩子送进托儿所’的说法完全是一派胡言、毫无意义，会导致社会的倒退。”

我问他，有这样的观点是不是因为他是一个新晋父亲。

“我不这么认为，”他说，“但也有可能，我没有想过这一点。”

“你三岁的大女儿上托儿所了吗？”

“是的，而且一切顺利。”他说。

“小一点的那个也去了吗？”

“六个月大的时候就去了。”他回答道。

科恩接着说道：“你知道什么是好的托儿所吗？照顾者始终如一，而且一直是同一群人。而在糟糕的托儿所里，照顾孩子的人总是不断更换。人类生来可以有多个照顾者，但他们身边却不需要有那么多陌生人，熟悉和不变的人是最重要的。”

科恩继续说："我的女儿在一家托儿所里待了两年半的时间。当她离开的时候，她拥吻了那里的人，并对他们说'我爱你'。"

在我深入了解依恋理论之后，我知道科恩的观点与大多数专家的观点是相悖的，但听起来很有趣，让人耳目一新。他所持的夫妻双方"家人不够多"的观点是正确的，我记得我在婚姻生活中也有过这种感觉。人类应该有一个主要的照顾者，但也可以有许多照顾者，这一点也引起了我的兴趣。托儿所的问题也是如此。鲍尔比最初反对托儿所，但后来，他认为只要托儿所能提供高质量和持续稳定的照顾，也是可以接受的——这与科恩的观点很接近。这些都是我想进一步探讨的问题。

牵手实验：脑部扫描真能测出我们的依恋风格吗

现在，回到我们开始的地方——脑成像实验室，萨拉把电极贴在了我的脚踝上方。

科恩称磁共振仪是"一个很危险的地方"。你会置身于一个用很大的磁铁做成的洞里，这个磁铁的重力大约是地球重力的 30 倍。任何金属制品都会以巨大的力量猛冲过来，如果你的身体挡住了它，那它就会穿透你的身体。所以你身上不能携带任何金属制品，即使是一枚回形针也可能会带来危险。

我被要求取出身上所有的金属制品，包括手表、钢笔、录音机，并清空了衣服的口袋。

"磁铁会不会影响我的大脑？"我问道。

"磁铁实际上并没有真正作用于你的大脑，"科恩回答，"它们只是对你大脑中的氢原子起作用。"

我还是无法完全放心，但科恩向我保证，他自己已经被扫描仪检查过几十次了，不会有事的。

至于电击，他说每个被试都会受到相同强度电流的刺激：4 毫安，但由于人的疼痛阈值不同，所以反应也会不同。他补充道："事实上，我们不是测量你被电击的那一瞬间，我们只是对你被电击前的预期性焦虑感兴趣。"

如果是这样的话，我想他现在就可以开始测量，因为我已经很焦虑了。

我想知道我会握着谁的手。

科恩说，根据测试方案，会是一个"匿名陌生人"，他不能告诉我关于这个人的更多信息。

我签署了一份免责声明，免除了这所大学对我使用扫描仪方面的任何责任。

我装上了电极，清空了口袋，签署了声明，萨拉负责一些文字记录工作，科恩则坐在角落里的凳子上，翻看着手机。当技术员启动仪器时，突然出现了停顿。

技术员接了个电话，"喂，我正要把一个人放进扫描仪里，"我听到他说，"待会儿我再打给你。"

他挂了电话。

"一切已准备就绪。"他告诉科恩。

"好的，"科恩说着，视线从手机转向我，"祝你好运，彼得！"

我跟着萨拉离开了控制室，走向磁共振仪，它被单独放置在旁边一个更大的房间里。萨拉指示我躺下来，头靠近机器的开口处。然后，她在我的膝盖下面垫了一个垫子，在我的头的两侧各夹了一个约束装置，用来固定头部，又给我戴上了一副耳机，并用曲棍球守门员的面具之类的东西遮住了我的脸。

我觉得自己是幸运的，进入这台机器只是为了做研究，而不是因为生病。

我静静地躺在这个安静封闭的空间里，没有什么不适的感觉，看来我没有幽闭恐惧症之类的问题。

“你感觉怎么样，彼得？”从耳机里传来萨拉的声音。

我说感觉很好。

“好的，太棒了！”她说，“我们马上就要开始解析扫描了，这将为我们提供大脑的三维视图。”

我的眼前出现了一幅图像，它一定是被镜子投射到屏幕上的，这是一幅有河流和山川的森林美景。

“好了，先生，”技术员也通过耳机说，“大约需要四分半钟。”

几乎立刻就传来了一阵嘈杂又尖锐的重复的噪音——“啊——啊——啊——”，像火警的警笛声一样。

我试着想象大脑中的氢原子被我周围的巨大磁铁吸引的画面，但却很难坚持下去。

不知是什么原因，科恩在吃午餐时所说的一句话突然浮现在了我的脑海中，当时他谈到了“糟糕”的托儿所：“如果照顾你孩子的人一直在变……”

我应该问问科恩，他知不知道鲍尔比小时候也有过类似的经历。鲍尔比和他的兄弟姐妹成长于一个传统的英国上流家庭，父母与他们始终保持距离，安排了很多保姆和保育员照顾他们。

负责照顾鲍尔比的人叫米妮，他们生活在一起，但米妮在他三岁的时候就辞职离开了。接替米妮的是一个冷漠而严厉的人，鲍尔比从未和她建立良好的关系。多年后，鲍尔比的遗孀表示，鲍尔比因为米妮的离开而“埋葬了悲伤”。

在这一点上，鲍尔比和我有一个共同点，那就是童年时期照顾我们的人“一直在变”。实际上，从我的母亲因患小儿麻痹症只能给予我有限的照顾，到曾经照顾过我的凯莉小姐的突然离世，再到后来接替她的那位女士被解雇，所有这些都是引起我对依恋理论如此感兴趣，继而进入扫描仪的重要原因。

后来，我收到了一份凯莉小姐的死亡证明的复印件，得知了她下葬的地点。她一生未婚，于 1954 年 7 月 3 日去世，享年 70 岁，死因是心肌梗死。当时，我才一岁零三个月。

最近，我和姐姐一起带父亲外出吃午饭，饭后，他说想去给我们的母亲扫墓，因为我早就计划好在那天下午去寻找凯莉小姐的墓地，所以就没有与他们一同前往。我来到凯莉小姐的墓地，发现灰色大理石墓碑上覆盖着落叶，我伸手把树叶拂到一边，念道：“爱丽丝 · 凯莉，1883—1954。”我弯下腰，用手抚摸着那些拼成她名字的凸起的金属字母。

“你还好吗，彼得？”萨拉的声音再次从耳机里传来。

他们已准备好开始实验。

“我们只进行两轮实验，”萨拉说，“第一轮，你要握着匿名实验者的手；第二轮，你自己一个人待在扫描仪中，不握任何人的手。实验过程中，你将遭受电击。”她又重复了一遍实验流程：如果你看到一个蓝色的圆圈，那你就不会被电击；但如果你看到一个红色的 X，那在接下来的几分钟里，你有 20% 的可能会受到电击。

萨拉说只要我伸出右手，匿名实验者就会过来握住。

接着，一阵新的低沉而颤抖的噪音响了起来，不像之前的警笛声那么响亮，但是音量也不小，让我觉得很不安。我把手伸到外面，摸到了另一只手，它很柔软，可能是一个女人的手。我怀疑是萨拉的手，但不能肯定，也可能是科恩的一个研究生的手。

那个之前显示森林景色的屏幕上，现在只剩下一个蓝色的圆圈。好吧，我想，蓝色圆圈意味着不会有电击。除了那些烦人的噪音，这还不算太糟。

但随后圆圈消失了，出现了一个明亮而醒目的红色 X。我紧张起来，但是什么都没有发生。科恩和萨拉说过，出现红色的 X 之后，我只有 20% 的可能会被电击，突然，一股强大的电流冲击了我的左腿，还不只是短短的一瞬间，而是持续了好几秒钟。我试图将我的腿从疼痛中抽离出来，但没有成功，因为电极还连接着。

电击终于停止了。当蓝色的圆圈出现时，我恢复了正常的呼吸。有了喘息的机会，我再也不想被电击了。我能让自己冷静下来吗？我记得在我前妻生孩子之前，我们学过一种叫作“十字金字塔”的呼吸法，来帮助度过疼痛期。这种方法就是你先在脑海中从 1 数到 10，然后倒着数到 1，接着从 1 数到 9，再倒着数到 1，如此反复，直到你度过疼痛期。我开始数：1、2、3、4——但是红色的 X 又出现了。我鼓起勇气，尽量保持不动，但我能感觉到我的腿在不由自主地抽搐。我紧紧地握着那只手，但没有被电击，随后出现了蓝色的圆圈。我希望我刚才没有握得太用力，因为这是我在身体被束缚的情况下唯一能做的事。我以为电击是由电脑编程的，不仅不受我的控制，也不受其他人的控制。

又是一个红色的 X！我捏了捏那只手，随后我的腿再次遭受了电击。接着出现了蓝色的圆圈，我忘记了数数，又来了一个蓝色的圆圈，然后是红色的 X，我接着数数续命：1、2、3、4、5、6、7、8、9、10、9、8——我更用力地握紧了那只手。

又是两个蓝色的圆圈和一个红色的 X，又一次的电击——就像烟火表演的最后一幕，我握住的手抽走了，屏幕变成了空白，噪音消失了。

"你还好吗，彼得？"耳机中传来萨拉的声音。

她让我按下控制台上的按钮，来表示我感受到的不适程度。之前她告诉过我该怎么操作，但现在我记不起来了——我按错了键。

"你也可以直接告诉我，"她说，从 1 级到 10 级，10 级是最痛苦的，你感受到的电击是几级？

"9 级。"

"好的，彼得，"她说，"下一轮，你将一个人待在扫描仪里。"

我没吱声。

"你没事吧？"她问道。

"我在考虑。"

"你要继续吗？"萨拉问。

"说实话我有点不想，"我说，"你们有没有从我刚做的测试中得到足够多的数据啊？！"

我能听到萨拉在控制室里和科恩进行简单的确认。

"好的，没问题，"她说，"你可以出来了。"

白挨了一场电击：令人沮丧的结果

在控制室里，科恩问了我在扫描仪中的感受。

“我一点都不喜欢电击。”我说。

“太强烈了吗？”科恩问。

我告诉他，电击比预想的还要令我紧张不安。

之前，萨拉说，每个人对电击的感受都不一样，有些人几乎没有任何反应，有时，她甚至必须检查一下电击装置是否在正常运行。

事实上，研究表明，人们对身体疼痛的体验和反应因依恋风格的不同而不同。在各种研究中，与安全型依恋的人相比，焦虑型和回避型等非安全型依恋的人会在分娩的早期体验到更强烈的疼痛感，在受伤后会觉得更痛苦，在执行一项压力过大的任务后会产生更严重的头痛。在一项对照实验中，被试被要求把手放进装着冰水的容器里长达一分钟或更久的时间，结果发现，焦虑型依恋的人反映出较低的疼痛阈值，痛苦程度比安全型或回避型依恋的人更高。

所以，也许——甚至在科恩分析我脑部扫描的数据之前——我从电击中感受到的痛苦的强度，以及我决定提前结束实验，本身就是我潜在的焦虑型依恋的确定性标记。

我问萨拉，我握的是不是她的手。

她说是的，实际上这是她第一次担任这个角色。

当我与科恩和萨拉交谈时，我发现自己很难听清每个人的声音，也很难让自己的思绪集中起来——我来不及抓住它们，它们似乎在我的脑海中飞进飞出。

“老实说，”我说，“我的头有点晕。”

“是的，”科恩说，“这种感觉很奇妙。你被注射了皮质醇和肾上腺素，这会让你感觉有点兴奋，也有点害怕。”他继续笑着说：“我们刚才吓到你了。从某种意义上说，你受到了轻微的恐吓，所以你在处理随之而来的后果。”

“我真的很讨厌看到那个红色的 X。”我补充道。

科恩笑得很大声：“我很抱歉，哥们。我有同感。我已经看了它 12 年，但还是很讨厌它。”

至少听到这个消息，我很开心。

“红色的 X 是抽象的，”科恩说，“但事实上，它引发了鲍尔比最感兴趣的东西——恐惧，鲍尔比在这方面做得很好：依恋行为系统主要涉及恐惧的管理，以及我们如何应对威胁。”

科恩说对测试结果的分析可能需要几个星期。他说：“一次扫描很可能无法获得大量具体有用的信息，但我们会尽最大的努力。”

我向科恩和萨拉道谢，然后步行回酒店。尽管在扫描仪里的体验是如此强烈，但我发现自己更多地在思考那天早些时候科恩提出的一些重要问题：一对浪漫的情侣能够成为彼此坚强的后盾吗？为了让孩子形成安全型依恋，应该由谁来照顾孩子？照顾者应该是某个固定的人，还是可以是几个固定的人？当然，我也很好奇磁共振成像会显示些什么，也许会确认我到底是不是获得性安全型依恋。但那些关于爱情和养育孩子更重要的问题，占据了我那充满皮质醇和肾上腺素的、兴奋的大脑。

幸好我发现了其他有用的问题，因为在几周后的一次电话中，科恩告诉我，大脑扫描没有产生足够的数据来评估我的依恋风格。

看来白挨了一场电击。

第二部分

我们一生的依恋

第5章

恋爱：依恋风格如何影响我们在约会和分手时的表现

塞莱斯特·萨默斯（Celeste Sommers），26岁，是我在马里兰州的贝塞斯达开办的写作班的一名学生，她的体贴、善良和聪明都给我留下了深刻的印象。作为一名人类学家，她会说六种语言。她在一篇论文中写道，在奖学金的资助下，她花了一年的时间环游世界，研究偏远的土著部落，以及这些土著如何利用现代技术来保存自己的文化。她还曾在北极停留，在那里她遇到了一个年轻的因纽特人。她的论文中有一段关于因纽特人如何接吻的精彩描述。经她同意后，我引用了她论文中的部分内容：

对因纽特人来说，“吻”是个不恰当的词，他们的“吻”并不只是我们小时候以为的鼻子对鼻子的摩擦，而更接近于全脸的

> 正面嗅探，一种看起来不太卫生的鼻子和嘴巴充分接触和挤压的亲吻方式。
>
> 他让我试一试。那天晚上，我对着他圆圆的棕色脸颊费力地吹气，几乎要晕过去了，我真怕他的皮肤会受伤，我的脸由于多次试验这种不是亲吻的“亲吻”而变得通红。

一天晚上下课后，塞莱斯特问我在研究什么。当我告诉她，我正在写一本关于依恋理论的书时，她说：“哦，我的室友刚给我做了一次线上的依恋测试，她说也许可以帮我在约会时表现得更好些。”

塞莱斯特的室友是正确的。

“你在测试中得了多少分？”我问道。

依恋测试的正式名称为“亲密关系体验测试”，该测试以 1~7 级来衡量依恋回避和依恋焦虑（参见附录中的测验）。在测试中，被试需要对一些说法回答“同意”或者“不同意”，比如“我渴望与人非常亲密，但有时这种渴望会把人吓跑”，或者“我不太想向我的另一半袒露内心深处的真实想法。”

塞莱斯特说：“我的焦虑指数大概是 4 级。”

这属于非安全的焦虑型依恋。

就在这时，我突然产生了一个想法：在了解了塞莱斯特的依恋风格后，我就可以把她介绍给某个人，一个至少从依恋风格角度来说合适的潜在伴侣。

实际上，我想到了一个人，从理论上来说可能很合适。

然而权衡之后，我并没有这样做，因为给任何人介绍对象都是一件有风险的事，成功的概率也很渺茫。

尽管如此，了解塞莱斯特的依恋风格还是有助于提高这件事成功的可能性，因为浪漫的爱情其实就是一种依恋关系。

鲍尔比写道：“建立恋爱关系被描述为坠入爱河，维持恋爱关系是指爱一个人，失去伴侣被描述为因某人而悲伤。”说实话，成年人的恋爱不仅仅与依恋关系有关，还有很多其他因素在起作用，但依恋是一个重要因素。研究表明，依恋的影响不受性别和性取向的影响。研究者马里奥·米库林切（Mario Mikulincer）和菲利普·谢弗指出，从暧昧到约会再到结婚，依恋问题在两性关系中无处不在。因此，依恋风格“将会影响”恋爱互动的“质量”和恋情最终的命运。“因此，理解自己和潜在伴侣的依恋风格，可以提高配对成功和关系持久的可能性。”

在建立令人满意和稳定的关系方面，某些依恋风格的组合往往比其他风格的组合更有效。但任何一方是安全型依恋的组合成功的概率都是相同的。正如哈里建议他的学生们：“如果你能遇见一个安全型依恋的人，那你就比别人多了几分幸福的可能。”

“如果我可以为你介绍一个安全型依恋的人，你有兴趣去见见他吗？”我问塞莱斯特。

她说当然可以，有点兴趣。

“如果他不仅拥有一般的安全型依恋，还是一个被全国依恋研究者都誉为‘安全型依恋的典范’呢？”

“典范？”她问，“这是什么意思呢？”

“如果说有谁在幼年时拥有近乎完美的安全型依恋关系，那研究人员会第一时间想到他！”我回答道。

我甚至不确定那位“典范”是否有空，但如果他有空，她会有兴趣见他吗？

“他没有对象吗？”她问道。

“我不好说。”我回答。几周前，我在一家咖啡店遇见了他。当时他和一位女士在一起，但我无法判断出他们是不是在谈恋爱。

“他和你差不多大，”我补充道，“他从事数据图形方面的工作。”

塞莱斯特觉得“数据图形”听起来很有趣。

“他真的很帅，”我说，“高个子，深色头发，瘦瘦的，看起来清清爽爽的。”

“我喜欢个子高的！”她说道。

不得不说，他们俩很般配。

“如果我能联系到他，而他又有空，你愿意和他一起喝杯咖啡吗？”

“当然可以，”她说，“可以一试。”

不同依恋风格的配对

两个同为安全型依恋的人最有可能成功维持稳定的伴侣关系。研究人员阿米尔·莱文（Amir Levine）和雷切尔·海勒（Rachel Heller）指出，安全型依恋的人会程序化地期待伴侣的爱和回应，他们对亲密关系感到非常舒服，并且拥有一种不可思议的能力来表达自身的需求和回应伴侣的需求。

如前所述，任何一方是安全型依恋的组合都有很大的成功概率。实际上，和一个安全型依恋的伴侣谈恋爱，随着时间的推移，非安全型依恋的一方也会变得更有安全感。

话虽如此，非安全型依恋的组合也可以收获圆满的恋情，不过会遇到更大的挑战。

回避型依恋的人倾向于“独立自主”，因此在一段感情中投入较少。当关系中出现矛盾时，他们倾向于“远远地看着”。在生活中，他们往往不愿进入亲密关系，但相较而言，他们更喜欢安全型依恋或焦虑型依恋的伴侣，因为这两类人能够突显自己的强大和自立。如果对方也是回避型依恋的人，那他们在关系中可能都会很被动、退缩。

焦虑型依恋的人渴望接近伴侣，甚至与其完全融合，尤其是在恋爱初期，他们能够产生非常强烈的积极情绪。但他们也很难信任一段关系，对亲密的渴望具有一种“推拉”特质，既反映出他们对亲密关系的强烈需求，同时也反映了其对缺乏安全感的怨恨。两个焦虑型依恋的恋人之间的互动可能是一种相互依恋和控制，这使得他们双方的潜能都无法充分发挥出来。

依恋风格的最差组合奖要颁给阿米尔·莱文和雷切尔·海勒所称的“焦虑–回避陷阱”。在“焦虑–回避陷阱”中，伴侣的一方是回避型依恋，另一方是焦虑型依恋。双方需要的亲密关系程度是不同的：焦虑型的试图靠近，回避型的却想远离。当这些需求得不到满足时，他们就会采取相反的回应方式，从而形成恶性循环，导致关系进一步恶化。

鉴于依恋风格在一般人群中的分布（55% 是安全型，25% 是逃避型，15% 是焦虑型，其余是混乱型），由于某些原因，落入“焦虑–回避陷阱”的人数可能比我们预期的要多。

首先，至少在成年初期之后，安全型依恋的人倾向于和伴侣维持稳定的恋爱关系，所以在 30 岁以后，那些还在寻觅约会对象的主要是非安全型依恋的人。

其次，回避型依恋的人的恋爱关系往往只持续很短的时间，而且在分手后，他们也不会因为悲伤而失去自我，因为他们从一开始就没有投入很多，所以他们似乎恢复得更快，能迅速开始下一段恋情。莱文和海勒还注意到，当你在晚年交男朋友或女朋友时，对方属于回避型依恋风格的可能性相对较高。

最后，有些反常的是，焦虑型依恋和回避型依恋的人经常互相吸引。对于回避型依恋的人来说，焦虑型依恋的伴侣可以使他们确信自己是坚强和独立的，而对方是需要和依赖自己的。而对于焦虑型依恋的人来说，回避型依恋的伴侣会让他们更加坚定自己的信念，即承诺是不可信的。

此外，由于焦虑型依恋的人非常渴望一段关系，因此他们可能会愿意选择一个不太理想的伴侣。不管怎样，他们双方都满足了对方对一段关系会如何发展的期望——一种自我实现的预言，往往会带来不愉快的结果。在一项纵向研究中，由回避型依恋的女性和焦虑型依恋的男性组成的伴侣在三年的研究期间“非常容易”分手。

不过，没有哪种依恋风格的组合是注定会失败的。即使是看起来很不适合的一对伴侣，也可能形成一段令人满意和稳定的关系，特别是当他们了解双方的依恋风格会产生怎样的影响后，他们就可能能够轻松地应对挑战。

克里斯·威尔逊（Chris Wilson）住在华盛顿市中心的一栋公寓楼的三楼。我以为他和我写作课的学生塞莱斯特同龄，但我记错了，他今年 32 岁，比塞莱斯特大 6 岁。可是，我对他的外表记得很清楚，他身高一米九，身材修长，黑头发，方脸，戴着一副时髦的眼镜，声音低沉。他那干净利落的样子让我想起了乔治·里夫斯（George Reeves）在电视剧《超人历险记》（*Adventures of Superman*）中扮演的克拉克・肯特（Clark Kent）。

我跟克里斯讲了一些关于塞莱斯特的事情，包括她是一名人类学家，会说六种语言。正好他目前没对象，他表示想要见见她。

“但是，我得告诉你，我还没有离婚。”他说。

天啊！

克里斯告诉我，大约八个月之前，他与结婚不到两年的妻子分居了，现在正在办理离婚手续。

当然，安全型的依恋风格也不能保证一段关系肯定会幸福长久。我不知道克里斯妻子的依恋风格，克里斯也不愿意在公开场合谈论她。

“你们会复合吗？”我问道，但我希望不会。

他说：“我们和好的可能性几乎为零。”

实际上，他已经开始和别的女生约会了。夏天的时候他和一个女生相处了几个月，但后来分手了。“我知道这段关系不会有结果，所以我觉得我有义务结束它。”他说。

这让我感到很困惑，这不像安全型依恋的人会说的话。

我问克里斯想不想看塞莱斯特的照片。

他说不想，他不需要看照片。我想知道这是不是也是安全型依恋的特点，但随后他告诉我他不看重外表，所以没有必要看照片。

我问他是不是在找某种特定风格的女人，他回答：“只希望她们不是那种喜欢事无巨细地照顾别人的人就可以了，我不需要有人扮演我的母亲，我需要自己的空间。”

我忍不住继续问：“所以当你约会时，你有没有提过你是安全型依恋的典范呢？”

他说：“实际上，除了一些有名的实验和专有名词，我对依恋理论知之甚少。”尽管他父亲是弗吉尼亚大学心理学系的系主任，但克里斯本人在大学期间主修的是英语，从未上过一节心理学课。“直到最近，我才意识到我是依恋研究领域的小名人。但不管怎样，我不知道该如何在约会时提起这件事，难道我要试着问，‘你还记得我出演的短片《三岁的克里斯》吗？’”

克里斯提到的短片是儿童依恋风格测量方式研究的一部分，是他在很小的时候拍摄的。这项研究是由朱迪·卡西迪完成的，她当时是弗吉尼亚大学的研究生，师从玛丽·艾斯沃斯。艾斯沃斯是陌生情境测验的开发者，这是一种用于评估儿童依恋风格的实验室程序。为了探索“陌生情境”如何影响年龄较大的孩子，卡西迪博士招募了弗吉尼亚当地的一些母子作为志愿者。克里斯的母亲报名参加，克里斯就这样被拍了下来。

多年以后，卡西迪博士成了依恋研究领域的国际领军人物，她邀请我去参观她在马里兰大学的实验室，那天她正在给她的研究生们播放克里斯的影片。

她开始说：“你们大多数人都知道克里斯，美国大部分依恋研究者也都知道他。”这是因为她在拍摄这部短片后的近30年里，频繁地在世界各地的研讨会上放映它。

在陌生情境测验的最后一个片段里，当母亲回到房间，一个安全型依恋的孩子会跑向她，想要被抱起来，卡西迪告诉她的学生们：“但是对于一个三岁的孩子来说，虽然母亲的存在仍然很重要，但他并不需要更多的身体接触。一项关于婴儿的研究表明，安全型依恋的婴儿会对着母亲微笑，向她展示自己在做什么，也会大声地说出自己在做什么。而非安全型依恋的婴儿只会做其中一两件事，不会同时做三件事。但你看，克里斯三岁的时候，却把这三件事都做了，这不是很有趣吗？”

“现在，让我们看看克里斯三岁时的情景。”她继续说。在影片中，三岁的克里斯长了一头黑黑的头发，看起来很开心，他站在那里玩着一盒玩具。他经常开怀大笑。“没有哪个孩子比克里斯更爱笑。”卡西迪说。这是一种真实的笑。在前几个片段中，当克里斯玩耍时，他的母亲坐在旁边。很明显，他母亲和他很同频。“她会跟着他的节奏，”卡西迪说，“她很细心，但不专横。她不会说‘哦，你真棒！你很聪明！’之类的话。相反，她温柔地鼓励他，给他探索的空间。”

接着，在最后一个片段中，他的母亲回来了，小克里斯对着她微笑，并展示他的玩具，然后用简单的话语描述了他的游戏——同时做了安全型依恋的孩子会做的三件事。在这份视频资料和克里斯六岁时的另一份视频资料中，克里斯被编码为 B-3——安全型依恋儿童的最高等级。

用卡西迪的话说，这就是为什么一代又一代的依恋研究者都认为这个拥有迷人笑容的黑发男孩是安全型依恋的“典范”。

在克里斯的公寓里，在我们再次观看了他三岁时拍的短片后，克里斯告诉我，他期待有一天能做父亲。

“我觉得我会是一个很好的父亲，”他说，“我也想过再婚，但不确定会是在什么时候。”

有四分之三的人成年之后和童年时期的依恋风格是一样的，我认为克里斯也是如此。但我觉得作为一个“媒人”，有义务帮塞莱斯特更深入地了解克里斯，所以在我的要求下，那天晚上，克里斯同意再做一次依恋测试，就是塞莱斯特所做的那种测试。

当克里斯进行在线测试时，我参观了他的公寓（当然是在他的邀请下）。在几扇面向人来人往的第十四大街的窗户旁，摆放着一架电动立式钢琴。后来，他告诉我，这是他在婚姻破裂后买给自己的礼物。房间里还有萨克斯、吉他和小号，一面墙上挂着爵士艺术家约翰·柯川（John Coltrane）和迈尔斯·戴维斯（Miles Davis）的专辑封面；另一面墙上挂着俄罗斯作曲家德米特里·肖斯塔科维奇（Dmitry Shostakovich）的油画，克里斯说这幅画是他自己临摹的。餐桌上放着一叠厚厚的纸，那是克里斯正在写的一部尚未出版的九万字的小说，旁边放着他用来打字的手动打字机。我好奇地问，为什么像他这样在数据图形科技领域工作的人会选择用手动打字机打出一部九万字的小说，克里斯说他只是喜欢这台机器的美感。

在这次依恋测试中，克里斯的回避性得分是 2.9 分，焦虑性得分是 2.7 分。分数范围是 1~7 分，所以他仍然属于安全型依恋的范畴。“如果我的妻子八个月之前没有离开我，”他说，“我更有理由待在‘安全区’。”

我们的对话回到了塞莱斯特身上。

“所以，你想约她出来喝咖啡吗？”我问道。

他说他很乐意，并会联系她约个时间。而且会很快，可能就在这个周末，因为下周他要去医院做手术。“一个小手术而已。”他说。

时间刚好合适。因为塞莱斯特告诉我，她一周后要离开这里，去乌干达待 12 天，对当地保护黑猩猩栖息地的护林员进行技术培训。

“你会去咖啡店观察我们吗？”克里斯问，“我们会看到你戴着墨镜坐在邻桌吗？”

我告诉他，我不需要去观察他们的约会情况，但我想事先跟他们分别谈谈。他们有着不同的依恋风格，他是安全型，而她是焦虑型，所以他们会对第一次约会持不同的期待和应对策略，如果我们能提前讨论一下，那这对我来说会很有趣，对他们也可能会有帮助。

那天晚上，在我离开之前，克里斯答应为我演奏一曲。钢琴上的乐谱是肖斯塔科维奇协奏曲的第二乐章，克里斯为钢琴独奏重新编了曲，他自信地把这首旋律优美的曲子演绎得非常动人。

为克里斯和塞莱斯特牵线搭桥这件事让我想到，如果自己年轻时找对象的时候能了解焦虑型依恋所带来的影响，那将会有多么大的帮助。焦虑型依恋的人需要一个浪漫的伴侣作为安全基地，常常很容易就坠入爱河，我就是这样的。从我十几岁第一次谈恋爱到 29 岁结婚前，我几乎没有单着的时候，特别是当我离家独自生活时。上大学时，我在国外待了一年，完全只能靠自己。回顾那段经历，我明白在那种情况下，我对依恋安全的强烈需求过早地拉近了我和某人的关系。如果我能早些明白这一点，我可能就不会选择出国，而是待在国内，选择一个有更多支持和帮助的项目。

对依恋的了解也帮助我理解了我早期关系中的其他问题，比如性和我对分手的反应。

依恋如何影响我们的性生活

以色列心理学家古利特・伯恩鲍姆（Gurit Birnbaum）写道，了解不同依恋风格的人的思维方式可以“为理解他们的性行为提供一个框架”。伯恩鲍姆在依恋和性的问题上做了很多重要的工作。

伯恩鲍姆解释说，安全型依恋的人通常会在已有的关系中寻求性需求的满足，并对亲密关系感到舒适。但回避型依恋的人往往会将性行为与情感亲密分开；相反，他们可能利用性来避免情感亲密，他们会通过追求短期的关系，来确保自己的自我价值和独立性。因此，他们比安全型或焦虑型依恋的人更有可能发生一夜情和短期伴侣关系，也更有可能对别人“挖墙脚”的企图做出积极的反应，或试图引诱别人离开现在的伴侣。当他们与伴侣发生性行为时，往往更关注自己的性需求，而不是伴侣的需求。他们的性幻想通常包括情感上疏远的伴侣以及一些有敌意的场景。而双方都是回避型依恋的夫妻，性生活的频率最低。

另一方面，焦虑型依恋的人倾向于用性来缓解自己的不安全感，促进亲密关系。伯恩鲍姆指出，这种依恋风格的人通过性行为来表达自己对爱的渴望，并通过性来获得伴侣的安慰。不幸的是，这可能会导致他们屈服于性侵犯，或进行无保护或不必要的性行为。在发生性行为时，他们往往试图取悦伴侣，而不是满足自己的欲望，他们对关系的担忧有时会演变成焦虑。双方都具有焦虑倾向的夫妻性生活的频率最高，不过有些焦虑型依恋的人可能更喜欢拥抱和亲吻，而不是真正的性爱。他们的性幻想通常包括屈服主题，就像伯恩鲍姆指出的那样，“服务于他们难以抗拒的欲望。”

什么样的人会好好分手

分手之后，与非安全型依恋的人相比，安全型依恋的人能更好地解决问题。他们更能接受失去，能更妥善地应对愤怒和悲伤，恢复得也会更快。回避型依恋的人看似恢复得很快，但不久后他们又会陷入同样的境地，他们的应对策略中存在着大量的“否认”，所以他们可能无法真正地摆脱情伤。

在我看来，克里斯表现出了一种高水平的韧性。在妻子提出分手后，克里斯这段短暂的婚姻破裂了，他给自己买了一架钢琴。在悲伤了几个月后，他开始重新约会。这两种行为都是健康的应对方式。

通常，焦虑型依恋的人分手后会经历一段很艰难的时光。对他们来说，失去一个代表着他们渴望的安全感的伴侣是生命中难以承受之重。同样一件事，如果说给安全型依恋的人带来的是些许悲伤，那给焦虑型依恋的人带来的就可能是绝望。在一项有 5000 名受访者参与的调查中，焦虑型依恋的伴侣在分手后会做出的反应包括愤怒的抗议、对前任的性吸引力增强、强烈关注对方，以及丧失自我同一性。而且，有些令人意外的是，分手后最容易出现暴力行为的也是焦虑型依恋的人。由于无法接受失去一个安全基地，焦虑型依恋的人可能会跟踪甚至攻击前任——作为重新接近对方的一种方式——结果往往适得其反。精神病学家托马斯·刘易斯及其同事写道：

> 那些早期没有形成安全型依恋的人，成年后的情感会像波涛汹涌的大海中航行的船的甲板一样难以控制。他们对于失去依恋对象的反应是无可比拟的——如果没有救援，他们就只能依靠自己原有的可怜资源。一段关系的结束不仅会令人心酸，甚至会使人丧失某些能力。

在塞莱斯特的公寓里，我最先注意到的一件物品，是厨房旁边架子上的一台老式手动打字机——和克里斯家里的那台很像。第二件物品是一个电子键盘，上面有贝多芬钢琴奏鸣曲的乐谱。塞莱斯特告诉我，她还会弹班卓琴和尤克里里。我想知道在人群中找到两个都拥有手动打字机、键盘上都放着古典音乐的乐谱、加在一起至少能演奏六种乐器的人，这种概率有多大。

塞莱斯特的公寓位于华盛顿市中心。我想起她在课堂上所写的一篇论文中提到过，她在得克萨斯州中部的一个小镇上长大，我对她所经历的文化差异感到惊讶。塞莱斯特笑着告诉我，克里斯给她发了电子邮件，过几天他们会一起喝咖啡。

由于这个牵线的想法始于在线依恋测试，我问塞莱斯特，测试中的哪些特定问题反映了她属于焦虑型依恋。

塞莱斯特打开在线测试的页面，迅速浏览了一下，立刻找出了两个问题："我害怕我的另一半在了解我以后，会不喜欢我现在的样子"和"我想要亲近的愿望会把人吓跑"。

这些都是对焦虑型依恋的经典描述。

"还有其他的吗？"

"是的，还有一句：'我经常会担心我父母不是真的爱我'。"

听到塞莱斯特读出的这几句话，我才意识到她去相亲和约会需要多么大的勇气。

她说自己已经好几年没有认真谈恋爱了。她对在华盛顿的约会对象都"没什么印象"，她说："网上约会太糟糕了，我注销了一切交友账号。"

"那什么样的男人才值得拥有呢？"

"情感成熟的人，能谈论自己感受的人。我需要的是一个能够分享生活艰辛的人，而不是一个装作不在意高谈阔论的人，除此之外，他还要有好奇心和求知欲。当然，也不能是那种以工作、健身或房产为生活重心的人。我喜欢更开阔的视野。"

据我所知，克里斯在各方面都符合她的要求。

"听起来克里斯很聪明，和我一样有很多兴趣爱好，"塞莱斯特说，"我们之间可能会产生火花。"

不过，塞莱斯特还是对一些事情十分好奇。

“我想知道‘安全型依恋典范’这个身份对他的生活有什么影响，还是说根本没有影响，”她说，“我总是会想到这一点，觉得这将是一种压力。我觉得自己很难做到不在意这一点。”

“还有，”她继续说，“他是安全型的依恋风格，但他还很年轻，就已经结婚又离婚了，我想了解得更多一些。”

“最后，在有一份全职工作的情况下，他怎么会有时间搞音乐、写小说、画画？”

塞莱斯特起身给我们沏茶，我抓住机会，在她的允许下四处看了看。公寓里到处都是表明她周游世界的证据——各式各样的工艺品、面具和海报。

看着这些东西，我才真正对塞莱斯特的环球大冒险有了实感，同时我也想知道，作为焦虑型依恋的人，她是怎么处理旅途中的情感问题的。她去过北极、厄瓜多尔、亚马孙河、婆罗洲和澳大利亚的内陆地区。出国读书那年，我独自一人在大学城里度过了一段艰难的时光，但她在那些地方都是独自生活的。她提到她有过几段恋情——包括和因纽特人接吻——但即便如此，我还是想知道她是如何独处的。

“哦，独自旅行一年真是太酷了！”她说，“我是一个极其独立的人，我不喜欢过太安逸的生活。”

即便她这么说，我也还是感到很困惑，一个焦虑型依恋的人怎么能这样旅行，特别是在这么年轻的时候，难道她不会觉得孤独或缺乏安全基地吗？她是如何保持情感平衡的？

“嗯，每到一个地方，我都能很快结交新朋友，迅速融入当地。”她承认自己有时过于迫切，太想博取他人的信任和喜欢。

过快地寻找亲密关系与焦虑型依恋的特征是一致的。

“那么，你是怎么应对孤独的呢？”我问。

“当然也有孤独的时候，”她说，“有时，我很难接受自己的处境。”塞莱斯特拿起她的旅行日志，念了一段简短的话：“我一个人在北极！我在这里做什么？”

然后，她告诉我，她设计了一套应对孤独的方法。

在她离开得克萨斯的家乡之前，她要求她的“后援会”——父母、朋友、父母的朋友，甚至前男友——写一些可以随身携带的信件给她。信封上标明了打开的时间，如“在你生日那天打开”“在你孤独的时候打开”等。

等到塞莱斯特离开家时，她已经收到了 80 多封待打开的信。“效果很好，”她说，“我很期待读每一封信。”

她至今仍保留着那些信，她把它们放到了卧室壁橱的一个盒子里。

塞莱斯特动身去环游世界时才 21 岁。对于一个如此年轻的人来说，她的写信计划显示出了令人印象深刻的自我认知。实际上，她创造了一种解决非安全型依恋风格的方法，甚至将其变成了她的优势。因为我怀疑，促使她研究土著部落及其如何捍卫自有文化的同理心，很可能在某种程度上就来自那种强烈的与他人沟通的渴望，而这种渴望往往是由焦虑型依恋所激发的。

“所以你想出了一个绝妙的方法来应对独自旅行的压力，”我告诉塞莱斯特，“那你有什么应对第一次约会压力的创意方法吗？”

“约会肯定会引起焦虑，”塞莱斯特表示赞同，“还会使人产生一种精疲力竭的感觉，因为这就像是‘哦，又来了！’，但是，我确实有办法应对：有意识地关注对方，探寻他们的生活。换句话说，我把约会定义为去了解另一个人，作为一名人类学家，我很擅长这样做。”

“那么，假设压力是可控的，”我问道，“怎样才能让第一次约会成功呢？”

“如果我们能在约会的前 20 分钟内不谈工作，也许就可以，”她说，“但在华盛顿很难，这里每个人的价值都是被工作定义的。”

我还有最后一个关键问题要问。

我问她：“在一段关系中，你倾向于做一个照顾者吗？”

“是的。”她回答道。想起克里斯对照顾者的态度，我对这次相亲的信心瞬间下降了一大半，但塞莱斯特很快又改了口。

“不，我不想成为照顾者，”她说，纠正了自己的话，“我通常不会扮演这样的角色。”

在离开塞莱斯特的公寓之前，我问她能否为我弹奏一曲。她坐在键盘前，把乐谱翻到贝多芬的《悲怆奏鸣曲》第二乐章的第一页。和克里斯一样，塞莱斯特演奏得也很好。离开公寓时，我对他们有了更多的信心，相信他们会成为一对贤伉俪。

不同依恋风格的人在第一次约会时会有何种表现

我为克里斯和塞莱斯特安排了一次约会，他们已经提前知道了对方的依恋风格，这种情况不多见。通常，初次约会的人——特别是以相亲为前提的约会，对对方的依恋风格是一无所知的。但是，了解未来伴侣的依恋风格可能会很有用。它不仅可以为如何更好地交谈提供线索，更重要的是，它能够帮助人们避免与依恋风格不匹配的伴侣纠缠——最明显的就是焦虑 – 回避陷阱。

研究者米库林切和谢弗写道，初次约会很可能会激活依恋系统，唤起一个人所属依恋风格的“最纯粹的效果”。“它们充满了情感，能唤起对关心和支持的憧憬，以及对不赞成和拒绝的恐惧。”

有一次我问哈里，人们会不会在初次约会时，就告诉对方自己的依恋风格。

“第一次约会？”他若有所思地说，“我不知道，但肯定有人会说谎。另一方面，大多数人并没有试图伪装他们的依恋风格，所以可能会有一些线索。”

“这些线索可能会是什么呢？”

“在第一次谈话时，”他说，“一般情况下，安全型依恋的人会很放松，能愉快地交谈，很容易相处。”米库林切和谢弗也同意这一点，他们写道：“初次约会时，安全型依恋的人‘能够很好地处理紧张情绪和不确定性，将潜在的威胁转化为挑战’。在认识新朋友时，他们会保持‘乐观和放松’，这反过来也有助于对方缓解紧张，并享受这一过程。”

“对于那些非安全型依恋的人，会有什么线索吗？”

“焦虑型依恋的人会担心被拒绝，”哈里说，“但他们也可能很有趣、很有魅力，也会对他人表现出兴趣。当然，有些焦虑型依恋的人并不是真的对另一个人感兴趣，他们在意的是对方是否喜欢他们，能否带给他们安全感。就像歌手贝特·迈德尔（Bette Midler）的那句话，‘不要再说我了，我们来谈谈你，你觉得我怎么样？’这就是焦虑型依恋的人会说的话。”

“回避型依恋的人会有什么表现呢？”

“回避型依恋的人不愿意谈论自己的感受，”哈里解释道，“事实上，这可能是最容易发现他们的方法。他们不会谈论太多私事，会把谈话的重点放在自己喜欢做的事情，比如工作、支持的球队上，等等。这些话题既不涉及隐私，也不是深层次的。”

研究表明，不同依恋风格的人在初次约会时的自我表露方式也有所不同。回避型依恋的人往往很少自我表露，而且可能会有意无意地传达出他们实际上不需要伴侣的信息。相比之下，焦虑型依恋的人倾向于在对方还没有准备好接受亲密关系之时，就过早地表露太多信息，从而导致自己看起来很需要对方，或者太心急。米库林切和谢弗指出，他们的冲动反映了“想要与另一个人融合、平息焦虑、感知尚未被探索或建立的深层次关系的愿望”。而安全型依恋的人倾向于“恰到好处”地表露感情，就像故事《金发姑娘》（*Goldilocks*）里的粥——不多也不少，很适合两人目前的状况。

总而言之，米库林切和谢弗注意到，早期过多的自我表露可能意味着过度的需求，而后期过少的自我表露则可能意味着对这段关系缺乏兴趣或信心。

在时代公司上班时，克里斯看起来比在家里更像克拉克·肯特：带纽扣的格子衬衫，卡其裤，框架眼镜。他的办公室在一个高层写字楼里，办公桌上有两台很大的电脑。他身旁的窗户玻璃上布满了用蓝色和黑色记号笔做的标记，从这里可以俯瞰繁忙的康涅狄格大道。克里斯解释说，这是他对数据可视化——他的专长——进行头脑风暴的方式。

“我和塞莱斯特谈过了，她说你们联系了，约好一起喝咖啡。”我开启了这个话题，他回答说“是的”，并补充说，如果真的成功了，那将是“一次精彩的约会”。

他问我：“考虑到我是安全型依恋风格，如果我说我在约会时很紧张，你会惊讶吗？”

“这可能是我第一次真正的相亲，我确实有些焦虑。但不是很严重，我有一点社交焦虑，”克里斯说，“从小到大，我在学校和夏令营里总是很害羞。安全型依恋是主要方面，但不代表一切。人们可以在拥有安全型依恋的同时，有害羞的表现。”

克里斯说他努力提醒自己，以往的约会都有美好的一面。“虽然有些人表现平平，但从来没有人上完厕所后再也不回来。”

对我来说，这是克里斯属于安全型依恋的另一个表现：即使感到焦虑，也仍然可以通过回忆事实和客观思考让自己冷静下来。

他觉得寻找自己和塞莱斯特的潜在共同点是一项挑战。“大多数随机配对的人都能进行有趣且有吸引力的对话，我想了解个中缘由。”

这也是安全型依恋的标志——把新的情况视为挑战而不是威胁。

“怎样才算得上是一次成功的约会呢？”

“对我来说，就是约会离场时带着一种希望能再次见到她的强烈的兴奋感——即使她会在非洲待一段时间——我们之间能产生真正的火花，构建一段愉快融洽的关系。”

“哎，我可不懂什么火花或化学反应的原理，”我说，“这是一个谜。我不知道是什么让两个人之间产生火花的。”

“没有人知道。”他表示同意。

到了周日晚上，我还没有从克里斯或塞莱斯特那里听到半点关于他们那天下午约会的消息。周一晚上，我实在等不及了，就给克里斯打了电话，他告诉我发生了什么。周二晚上，在写作课开始之前，我和塞莱斯特聊了一会儿，她也告诉了我许多事情。结合双方讲述的情况，我大概了解了他们那次约会到底发生了什么。

“在我们见面的 30 分钟前，”塞莱斯特回忆说，“我问自己，‘我真的想约会吗？’我觉得非常紧张。可能我还没有准备好，我想，这种约会的方式很奇怪。”

对克里斯而言，这次约会一开始就像一场“错误的喜剧”。他不知道唐人街新开了一家同名的咖啡店，于是就去了另一家老店。与此同时，塞莱斯特乘坐的公交车堵在了路上。她心想：“我现在更紧张了，那个人本来就不了解我，我还迟到了。”在意识到自己的错误之后，克里斯给塞莱斯特发短信说：“糟糕，我走错咖啡店了。”塞莱斯特当时已经上了出租车，她赶紧让司机掉头去了克里斯所在的咖啡店。

“当我到达的时候，他已经在外面占了一张桌子，”她说，“他站起来，握了握我的手。我看他那么有礼貌，很快就不再烦恼了。”

“有化学反应么？”我问道。

“我觉得有。”

他们谈论了音乐、打字机，还有克里斯分居的事。

“她很直接，”克里斯说，“我很喜欢这种态度。”

他们谈论工作以外的事情超过了 20 分钟，这超出了塞莱斯特的预期。

“你们其中是不是有一个人比另一个人更善于自我表露？”我问克里斯。

“嗯，我觉得是塞莱斯特，”他说，“但不明显，我认为我们的约会还不错，我们互相提问，就像打乒乓球一样，有来有往。”

他们的约会持续了一个半小时。

“在约会结束的时候，”塞莱斯特说，“他拥抱了我，说他要住院六天，所以这段时间没法联系我。”

几个小时之后，塞莱斯特给克里斯发短信说，她很享受这次约会，并说当她从乌干达回来后，想再次聚聚。

克里斯回复说他也很开心。

“如果从 1 分到 5 分，5 分是最好的，克里斯，你会给这次约会打多少分？”

“至少，我们可以成为很好的朋友，”他说，“我很高兴认识她，我至少打 4 分。”

塞莱斯特打了 3.5 分。

几天后，在克里斯做完手术后，塞莱斯特去医院探望他，在护士站留下了一盆绿植和一张便条。在她离开医院之前，克里斯给她发短信说：“我喜欢你写的文字和你送的绿植。见一面吧。”

他们在大厅见了一面，克里斯还插着输液管和喂食管。

他们聊了一会儿，然后克里斯祝塞莱斯特的非洲之行一切顺利。

随后，塞莱斯特告诉我：“我想我们有了第二次约会，在医院里。”

现在，我已经有好几个月没有跟克里斯和塞莱斯特联系了，最后还是好奇心战胜了我：他们还在约会吗？

“我很高兴能和塞莱斯特约会，”克里斯回复了我的邮件，“希望那种谁也无法定义的火花能更真切地存在。”但他没有感受到“足够强烈的联结”，所以他写信告诉了塞莱斯特这一点。“我很敏感，怕伤害别人的感情，”他告诉我，“我觉得要光明正大地做每一件事，不想像鬼魅一样，看不见摸不着。”他说他还留着她送给他的那盆绿植。

“他认为我们之间没有足够的联结，这可能是对的，”塞莱斯特告诉我，“我觉得我和他在一起的时间不够多，还没有真正了解他。这只是个实验，所以没有爱情的损失。”

我问哈里，他如何看待克里斯和塞莱斯特之间明显缺少化学反应的情况。他说："对于任何潜在的匹配，成功的可能性都很大。"相容的依恋风格可以提高成功找到伴侣的概率，但是我们仍然不知道，是什么让两个人觉得有或者没有化学反应的，这是一个谜。一些研究人员怀疑这可能是机会和时机的问题。所以，尽管依恋理论很重要，可以提高找到伴侣的概率，但却无法回答生活的所有难题。

因此，即使掌握了依恋理论的知识，找伴侣也还是会像创世纪一样，是一项困难的工作，但这是一项充满爱的工作。

第6章

养娃：与孩子同频的重要性

依恋育儿法到底靠不靠谱

几年前，我和其他数百万人一样，看到了《时代》杂志的封面故事，主题是“依恋育儿法”。故事的内容没什么稀奇的，但配图却让我觉得很不舒服：一个三岁的小男孩，穿着迷彩裤和运动鞋，站在椅子上，他身旁的母亲年轻迷人，而他的嘴巴贴在母亲裸露的乳房上。

这篇文章介绍了儿科医生威廉·西尔斯（William Sears）和他的护士妻子玛莎·西尔斯（Martha Sears）合著的《西尔斯亲密育儿百科》（*The Baby Book*）一书，这本书推广了依恋育儿法。在这本书和他们后续出的几本书中，西尔斯夫妇强烈要求父母在养育孩子时要与之保持身体上的亲密，包括使用婴儿袋（用背带或吊带代替婴儿车）、母乳喂养

（有时直到幼儿学步的时期），以及共眠（让婴儿和幼童睡觉时挨着父母一方或双方，而不是单独睡在一个房间）。

依恋育儿法已成为一场社会运动，在吸引众多追随者的同时，也引发了一场哲学论战。那这到底是一种帮助孩子获得安全型依恋关系的好方法，还是像一些批评人士认为的那样，是一场“歧视女性的阴谋”，旨在把女性驱逐出工作场所，把她们困在家里？

当我提到依恋育儿法时，几乎我遇到的所有依恋研究人员都会翻白眼。依恋专家朱迪·卡西迪对克里斯（就是那个安全型依恋的典范）进行了一项早期研究。她告诉我：“依恋育儿法是一种关于育儿的信仰体系，与科学研究无关。”詹姆斯·科恩在弗吉尼亚大学对我的大脑进行了扫描，他说那些推崇依恋育儿法的人不仅是“错误的”，而且很“危险”。

我可以理解卡西迪博士、科恩博士和其他研究人员的担忧。一些推崇依恋育儿法的人走得太远了，多年来，他们盲目地坚持与子女保持身体上的亲密接触，而这可能会对孩子造成不良影响。还有一些人似乎认为母亲外出工作，把孩子交给保姆或托儿所是件可耻的事情。

然而，当我读到更多关于依恋育儿法的文章时，似乎那些像婴儿袋、母乳喂养、共眠之类的核心方法，只不过是为了达到与依恋理论相同的目的而采取的手段。西尔斯博士写道：“简言之，依恋育儿法就是‘学会解读宝宝的暗示’，并对这些暗示做出适当的反应。”这似乎与陌生情境测验的发明者玛丽·艾斯沃斯的观点一致，她设计了一个“母亲敏感度量表”，该量表基于三个原则：母亲感知到婴儿的信号，正确地解读这些信号，并做出适当的反应。

回顾过去，我意识到当我和前妻玛丽一起抚养孩子时——主要是在 20 世纪 80 年代和 90 年代初——我们本能地使用了一些后来被称为

“依恋育儿法”的核心方法。我们主要使用婴儿车，还有一种原始的婴儿背带（玛丽后来解释说“这能让我在厨房里腾出双手来”）。玛丽一直母乳喂养孩子到两岁左右，直到孩子不愿意吃为止。我们没有和孩子睡在一起，每个孩子都有自己单独的卧室。但我们有所谓的“开放床”：只要孩子们想来，我们随时欢迎。

我认为，我们之所以会采取这些做法，是因为我们俩从小都缺乏安全感，所以我们希望以不同于自己父母的方式来抚养孩子。我们有意识地把养育孩子作为我们的首要任务，并与志同道合的朋友和邻居们创建了一个互助的圈子。在养育孩子的过程中，我们有筋疲力尽的时候，但也有感到兴奋的时候——养育孩子一直是我们生活中最有意义和最幸福的部分。实际上，对我进行成人依恋访谈的精神病学家毛里·科蒂纳表示，养育子女对我形成获得性安全型依恋起到了巨大的作用。我不能肯定地说我们的孩子都是在安全的依恋关系中长大的，因为他们从来没有被评估过，但我感觉他们是安全型依恋。在他们稍大一些时，我们的婚姻遇到了一个无法克服的困难，我想孩子们早期形成的安全的依恋关系为他们提供了一些适应能力。

我养育孩子的日子已经过去很久了，但我很好奇，如果我能观察一对既了解依恋理论，又能有意识地与孩子建立安全依恋关系的夫妻，那我能从中学到什么。我对依恋育儿法倡导的极端的育儿方式不感兴趣，我想找一个温和应用这种方法的人，一个能够清楚地表达自己在做什么以及为什么要这样做的人。所以，我决定抛开那些依恋研究人员的偏见，去寻找一位采用依恋育儿法的母亲。

我很快在网上找到了亚力克莎·威克斯（Alexa Weeks），她住在我的家乡罗切斯特。她正根据依恋育儿法的原则抚养她18个月大的儿子，她拥有社会学学士学位、社会工作硕士学位，目前正在为成为一名产科护士而参加一个速成护理课程培训。她曾做过助产士，现在还在教授如何佩戴婴儿背带的课程。

应我的要求，亚力克莎邀请我去听她的下一堂课。

一位母亲的依恋育儿法实践

这门课是在郊区的一个购物中心里开设的。30 岁的亚力克莎穿着一件格子法兰绒衬衫和一条灯芯绒裤子，她身材娇小，一头直直的黑发垂到肩膀上，刘海一直垂到她的黑色镜框上。她跪在教室中间的一个垫子上面，面向学生，像做瑜伽一样背部挺得笔直。她的学生有十位母亲、两位父亲，还有十几个婴儿和蹒跚学步的孩子。

亚力克莎在课堂导入中指出，把婴儿背在身上并不是什么新鲜事。她接着说，在大多数非西方文化中，母亲们早就找到了把孩子背在身上的方法。玛丽亚 · 布洛伊斯（Maria Blois）在她的《婴儿背带》（*Babywearing*）一书中指出，充当婴儿背带的物品包括墨西哥的雷布佐（一种长围巾）、非洲的坎加（东非传统服饰，一种长方形花布）、印度尼西亚的纱笼（类似筒裙）、秘鲁的曼塔（女用披巾）、塔希提帕雷乌（长方形印花布）和南亚的纱丽（南亚妇女裹在身上的长巾）等。婴儿背带在北美也曾经风靡一时：一美元金币上的图案就是印第安妇女萨卡加维亚用背带背孩子的情景。

在课上，亚力克莎提到了安全规则："背带应该绷紧；让孩子的下巴远离胸部，这样才不会阻塞呼吸道；随时保证孩子的脸在你的视线范围内。"

"最后，"她警告说，"不要背其他人的孩子，也不要丢下你自己的孩子。"她展示了不同的背法。"如果你刚开始用背带，"她建议，"软结构的背带可以很容易地用于前胸、后背和臀部等位置。"她从一个手提箱里拿出了几个样品。接下来是吊带，这是一种比较长的织物，上面有许多手工编织和染的彩色图案。当正确穿戴好了之后，它们能够利用动态张力来保护孩子。亚力克莎优雅地将一个吊带缠绕在自己身上，从一个肩膀缠到臀部，然后再绕回到肩膀，将末端穿过金属环，形成一个扣环。

“有些婴儿想要摆出成型姿势，”亚力克莎一边说，一边蜷起身体，像个依偎在母亲胸前的婴儿一样，“但有些婴儿希望把腿伸出来，像小青蛙一样。当你把宝宝抱在胸前时，你需要观察一下他们自然呈现的姿势。”

亚力克莎提到的“成型姿势”让我想起了陌生情境测验的编码员苏珊·帕里斯，她说过在评估孩子的依恋风格时，她会观察母亲抱孩子时，孩子是否完全放松，即有没有一种“心贴心”的感觉。

我发现用背带或吊带把婴儿带在身上，就会形成一种特有的“成型姿势”，这是婴儿车无法做到的。随后，亚力克莎鼓励家长们站起来，试背不同的载体。他们背着这些东西走来走去，就像在鞋店里试穿新鞋一样。

“汪汪！”怀亚特说道。18 个月大的怀亚特和母亲一样，皮肤柔软，面容白皙，两颊上颧骨凸出。在他们舒适的家里，他和亚力克莎坐在客厅的一张木桌旁玩着图片。

“汪汪！”怀亚特又喊道。

“不，宝贝，不是‘汪汪’，”亚力克莎说，“这是一张猫的图片。”

亚力克莎解释道：“我们邻居家的狗经常叫。实际上，‘汪汪’是怀亚特学会的第一句话。”我想起了我曾经在庇护中心观察过的男孩比亚，他两岁的时候还不会说类似“汪汪”的话，这可能是因为在童年早期被忽视造成的。

怀亚特把图片放到了餐桌上，然后从一卷胶带上撕下一小块，粘在了桌子边。他微笑着，发出开心的咿呀声。我问亚力克莎是否学过依恋理论，她回答说学过，为了拿到社会学学位，她曾经学过儿童和家庭发展课程。“没那么复杂，”当我们看着怀亚特玩胶带时，她说，“它的本质就是对你的宝宝做出反应，以及一些具体的事情，如背着孩子、母乳喂养和一起睡觉。”

“这些只是让你和宝宝保持足够亲密的方法，以便你习得宝宝的语言模式，意识到他的需要，并做出回应。”

我想知道，她对依恋育儿法的兴趣是否和我一样，源于对自己成长经历的一种反应。

“一种反应？”她问道，“不是的，我的父母很关注我的成长和发展。”她的母亲是一位临床社工，负责指导一家面向发育障碍成年人的教养院。她的父亲是一名消防员。“他们两个都很忙，有时我会跟着他们一起上班，妈妈会带着我和她的同事一起吃午饭，父亲会让我在消防站闲逛，但是没有什么负面的事情。每到我生日的那天，我就不用去上学，”她骄傲地补充道，“那天妈妈总是会请一天假，和我一起做点什么。”

她从来没有评估过自己的依恋风格，但她猜自己是安全型依恋。

我问她，为什么她会认为有些人对依恋育儿法持非常消极的看法，我提到了《时代》杂志的封面故事。

“我知道大家的想法，”她说，“所谓的依恋育儿法是很完美主义的，老实说，存在一种极端的情况，就是如果母亲是神经质人格，那她可能会‘要么这么做，要么死’。这就是媒体所关注的耸人听闻的观点——母亲永远不会离开她们的孩子，会坚持母乳喂养直到孩子七岁，并跟孩子一起睡觉。”

我问她是不是有不同的做法。“是的，我没有这样做，”她说，“我认同依恋育儿法的原则，但是会以一种更现实的方式，因为重点应该放在孩子身上，而不是如何做一个完美的母亲。”

她有三个孩子：怀亚特、怀亚特 4 岁的哥哥，以及一个 11 岁的继女，继女是她丈夫和前妻生的。

“重要的是在孩子小的时候对他们表示理解，”她继续说，“并试着与他们同频。”

如何与孩子同频

同频并不意味着要一直围着孩子转；相反，从依恋的角度说，这意味着对孩子的暗示保持敏感。一位与儿童及其家庭打交道的临床医生格伦·库珀（Glen Cooper）指出：“孩子们不会带着说明书出生。他们本身就是说明书——他们的行为就是自己表达需求的方式。”

对婴儿来说，同频可能包括按时喂养、尽量减少侵入性的触摸、以可预测的方式来移动和关注自己、根据自己的情绪和时间（而不是照顾者的时间）来玩耍和互动。

研究人员指出，父母保持敏感的目的是“为孩子提供一个安全基地，使他们可以放心地探索，即当他们遇到困难时，照顾者能够提供身体和精神的双重帮助，并减轻他们的痛苦”。

照顾者在身体上接近婴儿可以帮助其了解婴儿发出的信号，从而更好地实现同频，但同频并不在于与婴儿相处的时间长短，也不是指围着婴儿转；有的照顾者即使全天候地陪着婴儿，也依然无法做到同频。相反，同频在于集中注意力，学着解读婴儿的信号，并做出适当的反应。如果家长在把婴儿背在身上的同时还在盯着手机发短信，那他们就不太可能察觉到婴儿的信号。另一方面，家长却可以在把孩子放在婴儿车里的同时，特别是当婴儿面朝自己的时候，关注婴儿并与其保持同频。

托马斯·刘易斯及其同事回顾了玛丽·艾斯沃斯对母亲敏感性的研究，他们写道：

> 艾斯沃斯发现，母亲照顾孩子的时间长短与孩子最终的情绪健康之间没有简单的关联，但是，当一个孩子想被拥抱的时候就得到了拥抱，想被放下的时候就能被放下时，安全型依恋就形成了。当他饿的时候，他的母亲知道他饿了，并喂他东西吃；当他累的时候，他的母亲感觉到了，并让他放松地入睡……无论何时，这位母亲都能感受到她的孩子未言明的渴望，并将其付诸行动。这不仅是他们共享的最大乐趣，而且多年以后还能收获一个安全型依恋的孩子。

同频也意味着鼓励孩子去探索。懂得同频的父母明白什么时候该让孩子独自解决问题，什么时候该给予他们帮助。此外，同频还包括在孩子发展技能、资源与在合适的时候介入以避免失败之间取得平衡。

在研究人员看来，“家庭生态”在各个方面都表现良好有助于父母提供同频的照顾，这些方面包括：父母良好的身心健康、稳定的婚姻状态、能提供帮助的祖父母和优质的托儿所。然而，同样的因素，如果是负面的，如父母情绪抑郁、婚姻不和，保姆或托儿所的工作人员既不固定也不体贴，就可能会阻碍父母提供同频的照顾。这些因素是积极的还是消极的在一定程度上有助于解释为什么同一家庭中的兄弟姐妹会发展出不同的依恋风格。

关于依恋育儿法的批评与争论

怀亚特还在桌子上玩耍，亚力克莎继续说道："依恋育儿法并不完美。事实上，我每天都会失败。"

"怎么会失败？"我问道。

她说："有时我会感到很沮丧，因为每当我回想之前是如何回应怀亚特的，我就会觉得自己做得不够好。我的意思是，我的时间太少了，我能做的也很有限。我要做饭、洗衣服、去上课，还要打扫屋子。"

"那你是如何应对这一切的呢？"我问她。

"当怀亚特醒着的时候，我不打扫房间或洗衣服，"她说，"除非不得不这么做，因为我更愿意花时间陪他、关注他。当家里只有我和怀亚特的时候，一天下来，房间里就会'兵荒马乱'。"

我可以接受亚力克莎承认她有时会失败的说法，但我看到的情况表明，她成功的概率更高。她在接受我全程录音的采访时，仍然把注意力放在儿子身上。别的家长可能会把孩子丢给电视、电子游戏机或电动玩具，希望自己在接受采访时不受打扰。相反，亚力克莎并没有这样做，她给怀亚特安排了两个游戏——图片配对和胶带，这两个游戏都是触觉游戏，可以让怀亚特练习灵敏度和精细动作，并且它们都是非结构化的，能够激发创造性。她坐在他的身边，和他一起玩——但不是一直在一起。我觉得她一直在评估他自己玩得好不好，或者他是否需要她——她在成为他的安全基地和给他探索的自由之间取得了平衡。只有当她满意地看到怀亚特快乐地独自玩耍时，她才会把注意力转移到我身上来。

亚力克莎撕下一截胶带递给怀亚特，让他粘在桌子边缘。

接下来，我打算问亚力克莎一些我听过和读过的对依恋育儿法最严厉的批评，希望她不会觉得被冒犯。

“你会如何回应女权主义者和其他人的批评？”我问道，“他们都认为依恋育儿法把女性困在了家里，绑在了孩子身上。”

“我认为我自己就是一个女权主义者，”她说，“我有自己的事业和生活，但是我选择了生孩子。我认为，花时间培养孩子的安全型依恋，在某种意义上也能促进我的独立自主。因为我花时间把我的女儿培养成富有安全感和自信心的孩子，这很重要；同样，我希望儿子们也是安全型依恋，因为我希望他们在成长过程中能学会尊重他人，关注与他人的互动。我希望我所有的孩子都能成为有安全感、快乐、善良的人。”

“但即使孩子被养育成安全型依恋的人，就能确保他们最后一定会成为好人吗？”我问，“有没有可能一个安全型依恋的孩子，后来成了一名家暴者或连环杀手呢？”

亚力克莎说：“即使是安全型依恋的孩子，在青春期或成年后仍可能会受到其他经历或性格特征的影响。所以，依恋育儿法并不能解决所有的问题。但是让孩子一开始就发展成安全型依恋风格，最有可能使其健康成长。我想如果你看一下这些研究，就会发现那些缺乏安全感和混乱型依恋的个体，将来更有可能患上精神疾病。”

亚历克莎在这方面做得很好。马里奥·米库林切和菲利普·谢弗说，研究表明，早期的安全型依恋为个体应对压力和处理生活问题提供了韧性，从而使其不太可能在之后屈服于“非适应性的情绪状态和精神障碍”。其他研究表明，非安全型依恋的青少年更可能参与偷盗和抢劫等违法行为，吸烟、酗酒和滥用毒品，甚至还会性侵他人或实施家庭暴力。

怀亚特完成了贴胶带游戏，伸手拿起一盒彩色记号笔。亚历克莎拿给他一张白纸，他开始涂色。她想再聊聊“女权主义的事情”。

“人们总是两极化地看待问题——要么全部都做，要么什么都不做，”她说，“似乎如果你不经常在家，就养不出一个安全型依恋的孩子。”

我回忆了一下，亚力克莎没有带怀亚特一起上过“婴儿背带”的课程，我问她那时怀亚特在哪里。她说那天早上，孩子的姥姥负责照看他们，并补充道，“在我上课的时候，我不能把怀亚特这样活泼的孩子带在身边。”

“我认为应该把注意力放在自己的孩子身上，”她继续说，“但不必为此付出所有时间，而且一天 24 小时陪在他们身边也是不现实的。”

她说，通常在一个星期内，由于工作和上学，她会有三天不在家，“这三天，从早上七点到下午四点半我都不在”。其中两天，亚力克莎的母亲或保姆会来家里帮忙照顾孩子，还有一天怀亚特会去托儿所。

所以她不反对托儿所吗？我立刻想到了弗吉尼亚大学的教授詹姆斯·科恩，他认为认同依恋育儿法的人会非常抵触托儿所，而他自己曾对托儿所大加赞赏——只要它能保证照顾者的一致性。

“我绝对同意这一点，”亚力克莎说，“如果照顾者始终如一，托儿所不失为一个很好的选择，但我想再解释得更深入一些、更详细一点。因为如果托儿所的照顾者并不照顾孩子，而只是让他们坐在婴儿床上，或是待在玩具器材旁，那我不认为这种类型的互动对培养依恋关系有多大作用，即使照顾者始终如一。”

早在 20 世纪 70 年代，女权倡导者们就批评过约翰·鲍尔比——有些人甚至退出了他早期的讲座——因为他声称孩子最好由母亲来照顾，特别是在童年早期。但后来鲍尔比同意了亚力克莎的观点：如果与敏感的育儿方式结合起来，并能保证高质量和照顾者的一致性，托儿所是可以接受的。

2001 年，一项由美国政府赞助的研究在很大程度上证实了这一观点。来自美国 1300 多个家庭的孩子分别在 15 个月和 36 个月大的时候通过陌生情境法进行了依恋安全测试。研究还对母亲敏感性和每个孩子在托儿所的经历（如果有的话）进行了测试。研究结果显示，相对于是否去过托儿所，儿童依恋安全感的发展更多地与母亲敏感性有关。然而，如果母亲不那么敏感，再加上长时间的托管，要比完全托管更可能产生非安全的依恋。

直到今天，很多专家虽然仍对将孩子在出生后的第一年就交给日托机构持谨慎态度，但似乎也相信只要照顾者的素质足够高（能够正确解读孩子的信号）、人数足够多，日托机构能为孩子安排固定的照顾者，或者人员变动的概率很小，那学步期的幼儿和稍大一些的孩子是可以接受日托的，这甚至还有利于他们的发展。遗憾的是，如今美国许多托管服务都达不到这些标准，对贫困儿童来说尤为如此。

作为让怀亚特去托儿所的替代选择，亚历克莎结识了其他推崇依恋育儿法的全职妈妈。她说："你可以让志同道合的父母围绕在你和你孩子身边——我和其他全职妈妈们互相照顾彼此的孩子。"

"怀亚特现在要吃奶了。"亚力克莎一边说，一边把他抱到客厅的沙发上。

我没有听到怀亚特哭泣或大吵大闹，是亚力克莎敏锐的同频能力告诉她怀亚特饿了吗？

"你是怎么知道他想要吃奶的？"我问道。

"他把手伸进我的衬衫里了，"她说，"他可一点也不害羞。"

不知为何，我竟然忽略了这个行为。

在沙发上，怀亚特依偎着母亲开始吃奶。过了一分钟左右，他停了下来，长出了一口气，说了声“还要”，然后又接着吃奶。

又是一个完美的“成型”，让我印象深刻。

西尔斯写道，母乳喂养是一种“内置的”依恋工具。美国儿科学会（American Academy of Pediatrics）以母乳喂养对母亲和婴儿的健康都有好处为由，鼓励母亲至少在孩子一岁前进行母乳喂养。当然如果母亲和孩子都愿意的话，可以延长母乳喂养时间。

虽然亚力克莎提倡母乳喂养，但她说：“你可以根据需要进行调整。”比如，如果白天她需要外出，那她就会把母乳挤出来放进瓶子里，让她的丈夫、母亲或保姆在需要时热热喂给怀亚特。她也在进行“宝宝主导的断奶”——在怀亚特准备好的时候，再添加辅食。

晚上她也会给他喂奶。“母乳已经满足不了孩子的营养所需了，”她说，“但这取决于你如何定义‘营养’，怀亚特需要喝夜奶才能入睡。在他这个年纪这样做没有什么害处，这是建立安全基地的一部分——当我有能力的时候就应该为他做这些，即使在这 18 个月里，我每晚都要起来一次。”

当怀亚特继续吃奶的时候，我告诉了亚力克莎我和詹姆斯·科恩的谈话内容，以及他认为婴儿天生就应该有多个照顾者的想法。她没有表示反对。

“你看，我是怀亚特的母亲。他在我的身体里发育成人，我永远是他的主要依恋对象。但是，从适合孩子发展的角度来说，与其他照顾者建立依恋关系是有积极影响的。比如，我的丈夫也是一个照顾者，怀亚特还会接触其他照顾者，因为我也有其他需要我关注的事情，比如上学和工作。重要的不是他一直和我在一起，而是无论由谁照顾，照顾他的方式都要和我们养育他的方式一致。”

但我想知道，如果没有她丈夫和保姆的帮助，如果她没有学过社会学、社会工作和护理学，那她还会以这种方式照顾孩子吗？于是我说，有些人指责依恋育儿法是精英阶层的奢侈品。

“我不认为自己是精英！”她说，“我们在很大程度上只靠一份收入生活，虽然过得去，但考虑到我们家有五口人，日子还是不太富裕。我和我丈夫在有了大儿子之后经历了一段很艰难的时期，那时我们暂时分开了，有将近一年时间没有住在一起，我一个人生活、工作，还要照顾孩子，所以我很清楚经济困难是怎么回事。”

怀亚特松开了母亲的乳头，把头缩了出来——他只吃了不到五分钟的奶——他轻声地咕哝着，半闭着眼睛。“想睡觉了吗？”亚力克莎问道，并把他搂在怀里。“你想抱着这个吗？”她指着一个枕头问道，那是她在给怀亚特喂奶时用来帮助他固定姿势的。“我要。”怀亚特指着枕头答道。

“你能带客人去看看你的房间吗？”亚力克莎问道，“怀亚特的房间在哪里呢？”亚历克莎轻轻地把怀亚特从客厅抱了出来，走过一条很短的走廊。

“这是婴儿房。”她轻声说。她把怀亚特抱进来，放在一张尿布台上。怀亚特开始哭了起来。然后，亚历克莎把他放在了婴儿床上，对他发出咕咕哝哝的声音，并放了一段摇篮曲。“你想睡觉吗？需要换个尿布吗？还是只想坐下来看一本书？”她问道。

怀亚特哭得更大声了。

亚历克莎说：“哭是他表达抗议的方式——他想留下来多玩一会

儿，而不是因为他现在需要安慰。他已经 18 个月大了，没关系，让他哭吧。但如果他只有五六个月大的话，我就会抱着他，再让他吃点奶，安慰他，我不会让他一直哭的。在那个年纪，你没法教会他们自我安慰或者自律——这些都是有害的。”

不让孩子“哭出来”是依恋育儿法的另一个核心思想。西尔斯写道，对于婴儿来说，“哭是为了交流，而不是为了控制。你的反应越灵敏，婴儿就越能学会信任父母和自己的沟通能力。”

我在想我的在场会不会打扰到怀亚特。“也许我不在这里会更好。”我说，然后悄悄地离开了这个房间。

几分钟后，亚历克莎端着一杯咖啡回到了客厅。我可以听到怀亚特仍然在卧室里轻声哭泣。

“他只是在玩儿，”亚历克莎一边喝着咖啡一边说，“那是玩耍式的哭，只要他高兴，我就不介意，他会睡着的。”

我问起为什么怀亚特会睡在自己房间的婴儿床上。依恋育儿法的另一个原则是，婴儿应该与父母睡在一起，或至少睡在同一个房间。虽然对于美国的新生儿来说，这种做法很少见，但在其他地方却很普遍。

托马斯·刘易斯及其同事们指出，“几乎全世界的父母都和他们的孩子睡在一起。”

亚力克莎说她和她丈夫做了一些改变。他们让怀亚特睡在“侧开门婴儿床”里，这是一种能从一面打开的婴儿床，就靠在他们的床边。后来，随着怀亚特的活动能力越来越强，他们给他换了一张地板床，但为了避免他爬下来或不小心滚下来，他们把床垫直接放在了地上。“他现在几乎总是睡在自己的婴儿床上，”她说，“除了他生病或感到不舒服的时候。”

几分钟后，怀亚特睡着了。基于对依恋育儿法的普遍批评，我还要再问几个问题。

我问道：“你怎么看待有些研究人员认为依恋育儿法是一种打着依恋理论旗号的意识形态，实际上没有任何科学依据？”

“怎么会没有科学依据？”听起来她有点生气了，“你是了解依恋理论背后的科学依据的——人们的早期经历很重要。”

“但我遇到过一些研究人员，”我接着说，“他们对依恋育儿法嗤之以鼻。他们觉得这种方法太极端了，相反，他们提倡所谓的‘刚刚好’的育儿方式，这种方式是由 20 世纪英国儿科医生和精神分析学家唐纳德·温尼科特推广开来的。他建议说，家长需要在大部分时间里对孩子做出回应，并且‘随时待命’，但不必做到尽善尽美，也不能总是这样做。”

“你觉得这种‘刚刚好’的育儿方式怎么样？”我问亚力克莎。

她终于被我激怒了。“我觉得这很无礼！”她说，“我对这种普遍存在的平庸文化感到很沮丧，比如我怎么才能做得‘刚刚好’？这不是我们——尤其是那些本该知道这些的科学家——培养孩子的目标。我们不只是在陪着孩子，而是在养育他们，在这个问题上，我们决不能半途而废。很抱歉，很多事情我们都可以满足于‘刚刚好’，但养育子女这件事绝对不行！”

依恋育儿法的灵魂在于减少孩子哭泣

几天后，我和亚力克莎、怀亚特一起去市场购物。

一个小贩问怀亚特：“你要来点苹果吗？”

“要！”他答道，然后小贩把苹果递给了他。

亚力克莎用“美太”——一种危地马拉出产的手工编织品——背着怀亚特。那是一块彩色的长方形棉布，每个角上都绑着一根带子，亚历克莎用它把怀亚特紧紧地搂在怀里。怀亚特小小的白色运动鞋在下面晃来晃去。他背靠着母亲，环顾四周，观察市场的景象。

当我们经过一个贩卖活鸡、兔子和山羊的摊位时，怀亚特睁大了眼睛说：“汪——汪！”

“不，不是汪——汪，”亚力克莎纠正道，“那不是小狗，而是山羊。”

亚力克莎轻松地在摊位间穿行，她的左右肩上都挂着购物袋，里面装满了蔬菜和水果。

“你买的太多了。”我注意到。

“但我觉得不重，”她说，“怀亚特很轻，我也很喜欢吃蔬菜和水果。”看着她那么灵活地在摊位间移动，我不禁将她与我经常在超市看到的情景进行对比：父母用超市提供的巨大的塑料婴儿车艰难地推着孩子，这些婴儿车多是汽车或火车的造型，占了过道的大部分空间。

买完东西，亚力克莎走向自己的车。在路上，她注意到市场里把孩子背在身上的人要比让孩子坐婴儿车的人多。她说：“也许这是一种潮流的转变，越来越多的人选择把婴儿背在身上。”她解开“美太”后面的带子，轻轻地把怀亚特抱出来，放到汽车座椅上。

在整个过程中，怀亚特一直保持安静。我忽然想到在整个购物过程中，被束缚住的怀亚特也很安静。我们在摊位间穿行，看到了许多其他孩子可能会难以抗拒的东西，比如五颜六色的食物和可爱的小兔子，或者很吓人的东西，如关在笼子里的山羊、熙熙攘攘的购物者和叫嚷的小贩——但怀亚特一直很安静，似乎很满足。尽管有一个陌生人——也就是我，一直跟着他和他母亲，时不时地插入问题，但在整个过程中，他自始至终都嚼着苹果，表现得异常安静。他不需要母亲喋喋不休地唠叨，不需要电视屏幕来分散注意力，也不需要婴儿车装饰得像一辆小汽车。我之前的想法可能是错的，他似乎只需要一位关注他的家长，还有一块让他贴在母亲胸前、为他创造安全空间的长布条。

之前，我在亚力克莎的育儿班上也注意到了同样的事情：十位母亲和十几个孩子，但没有一个婴幼儿哭闹，甚至连大声喊叫都没有，他们看起来似乎很平和、很满足。

西尔斯写道，依恋育儿法的灵魂就在于"减少孩子哭泣"。儿童发展专家罗伯特·马文（Robert Marvin）和普雷斯顿·布里特纳（Preston Britner）指出，照顾者的同频有助于最大限度地降低孩子哭泣的"频率和强度"。

亚历克莎把"美太"折叠起来，连同一袋袋水果和蔬菜一起放进了后备厢，然后和怀亚特回家了。

我欣赏亚历克莎运用依恋育儿法精髓的方式，这种方式让她能够和孩子保持亲密和同频，并在不牺牲她事业的前提下，让依恋育儿法服务于她和她的家庭。可以肯定的是，她的家庭生态是有利的：她对孩子发展的研究、志同道合的丈夫，以及母亲等家人的支持都是孩子成长的积极动因。

但亚历克莎也曾说过，她和她丈夫曾经历过一段艰难的时期——实际上他们分居了一年。她可能不太清楚依恋理论也可以帮助陷入困境的夫妇修复关系。就在我为结识亚历克莎而感到幸运的同时，我也遇到了另一对慷慨的夫妇，他们同意我近距离地观察，以依恋理论为基础的咨询是如何帮助他们维持婚姻的。

第7章

婚姻：当爱破裂了，你该如何修复它

维持一段关系就像紧挨着跳舞。一开始我们因相互吸引而走到一起，但随后我们开始踩对方的脚趾。

如果我们不是安全型依恋，就不会继续紧挨着跳舞，而是会像舞会上的中学生那样，双双后退、手臂伸直。

最终，我们离得越来越远，然后外遇发生了。——大多数夫妻都会在这时来找我。

大卫·舒瓦布（David Schwab）

一位致力于情感聚焦疗法培训的家庭咨询师

另一半出轨了，婚姻还有救吗

蒂芙尼和埃德加在华盛顿出生和长大，两人在上小学时就认识了。高中时，他们谈过一段时间的恋爱。后来，在上了同一所社区大学之后，他们开始再次约会。五年后，他们结婚了，那年，他们都 27 岁。在情人节的前一天，他们的父母和朋友们参加了他们的婚礼。但仅仅过了几个月，蒂芙尼就得知埃德加有外遇了。

我和蒂芙尼、埃德加约在咖啡馆见面，讽刺的是，咖啡馆的名字叫“幽会”。第一件让我感到惊讶的事是他们的穿着很相似：两人都穿着套头衫，连条纹都几乎一模一样——仿佛他们来自同一支球队。埃德加的胡子修剪得整整齐齐的，蒂芙尼把一头黑发紧紧扎在脑后，梳成个马尾。

他们手牵着手，手上的婚戒在灯光的照射下熠熠生辉。他们迫不及待地想告诉我他们的故事，想让我知道他们是如何从发现埃德加不忠的痛苦中走出来，变成如今幸福、信任、对未来充满信心的模样的。

第一次接触依恋理论时，我很着迷，因为它似乎可以解释为什么我曾拥过的一段漫长的恋爱关系会变得如此混乱，尽管我十分投入，最后还是没能有个好结果。在依恋理论中，我觉得自己找到了一把密钥：它解开了一个谜，即为什么有些关系能成功，而有些关系却在旷日持久的拉锯战后黯然结束。即便如此，我也没有想到，依恋理论可以提供改善和拯救陷入困境的关系的方法。直到我接触了加拿大的心理治疗师苏·约翰逊（Sue Johnson）的工作，我才意识到这一点。

作为一名年轻的依恋理论实践者，约翰逊成功地治疗了很多儿童和成人。然而，正如她在自己的畅销书《依恋与亲密关系：伴侣沟通的七种 EFT 对话》（*Hold Me Tight: Seven Conversations for Lifetime of Love*）中所述，当她为一些夫妻提供治疗时，常常会有挫败感。她意识到处于敌对状态的夫妻“并不关心彼此童年时期的依恋关系”，他们不想学习，也不想争辩和谈判，更不希望被人教授有效的相处规则。

约翰逊对帮助“交战”夫妇的困难的哀叹引起了人们的共鸣。在我和妻子分居、离婚之前，我们曾一起见了几位婚姻咨询师，但都无济于事。我们都觉得很无助，我不记得有哪位咨询师探究过更深层次的情感在起什么作用。他们的关注点大多集中在我们的交流方式上——这很有意思，但却无用。

约翰逊意识到，那些难以有效进行咨询治疗的夫妻缺乏对核心问题——爱——的清晰、科学的理解。

所以，什么是爱呢？当爱破裂了，你怎么才能修复它？约翰逊推断，只有解决了这些问题，你才能拥有成功治疗的基础。

多年来，约翰逊花了很多时间解决一对对夫妻的问题、深入地做研究，而她自己，一个在小时候只能“无助地看着”父母“毁了他们自己和婚姻”的人，最终在依恋理论中找到了答案。

她对约翰·鲍尔比的理论进行了补充，得出了自己的结论——浪漫的爱情是成年人的一种依恋形式。同时，爱也以同样的理由存在于婴儿和父母的关系中：当我们与所爱之人在情感上建立联结时，他们就成了我们的避风港和安全基地。

约翰逊写道，爱是“最好的生存机制”，它“驱使我们与一小部分人建立情感联结，这些人为我们提供了躲避风暴的避风港”。在数百万年的进化过程中，这种对安全、情感联结的需求“植根于我们的基因中”，就像对衣食住行的需求一样，是我们健康和幸福的基础。

相爱的伴侣相互依赖，不仅仅是彼此的避风港和安全基地，还帮助彼此调节情绪和身体健康状态。他们就像“神经二重奏”一样联系在一起，其中一方发出的信号有助于调节另一方的荷尔蒙水平、心血管功能、生物钟，甚至是免疫系统。约翰逊指出："我们的身体天生就适合这种联结。"

詹姆斯·科恩进行的牵手实验（见第 4 章）就是一个协同调节的例子。当人们在磁共振仪中受到电击威胁时，如果他们牵着爱人的手，压力和疼痛感就会减轻。"爱人是我们身体机能和情感生活的隐性调节器。"科恩说。

其他研究也表明，拥有美满婚姻的男性和女性通常要比单身的同龄人更长寿、更健康。

"各个领域的科学，"约翰逊说，"都非常清楚地告诉我们，人类不仅是群居动物，而且是一种需要与他人建立特殊亲密关系的动物，如果我们否认这一点，那就太危险了。"

让伴侣感到不安全、无法满足彼此的依恋需求，是威胁亲密关系的重要因素。

约翰逊指出，伴侣之间的对抗其实是对情感疏离的抗议。"在痛苦之下，他们会问彼此'我可以依靠你吗？你会一直都在吗？我对你来说重要吗？'"

她的结论是，在太多关系中，依恋需求和恐惧都被隐藏起来了。"（它们）引导行动，但从不被承认。"她说，当伴侣感到不安全时，他们会为自己辩护，并责怪对方。但大多数指责都是一种对分离的抗议，是一种绝望的依恋呐喊。只有爱人深情地靠近你、拥抱你、安慰你，才能使你平静，别的方法都不行。

但也有其他研究人员表示，这也可能是对联结过多的抗议。

不管怎样，治疗的目的都是让伴侣双方重新建立起一种恰当的亲密关系，重拾安全感。

要做到这一点，伴侣双方必须承认自己的依恋需求和对彼此的依赖。这可能很难，因为大多数美国成年人不仅不理解自己的依恋需求，而且承认这种需求也与他们被灌输的传统观念相违背：美国人认为高度的成熟意味着独立和自给自足。在流行文化中，依赖性是一种弱点。然而，鲍尔比认为“有效依赖”（我们也可以称之为“相互依赖”）和向他人寻求情感支持的能力是“人类与生俱来的”，是力量的象征和源泉。

在这些观点的基础上，约翰逊致力于开发一种新的婚姻咨询方法。

约翰逊称这种新方法为情感聚焦疗法。这种方法的核心内容十分简单：承认你在情感上依恋和依靠你的伴侣，就像孩子需要父母养育、安慰和保护一样。为了加强情感联结，伴侣之间“要开放、同频、互相回应”。

情感聚焦疗法的早期工作大获成功。

“我的来访者必须学会承担风险，展现自己温柔的一面，承认自己对失去和孤独的恐惧，表达自己对‘关心和联结’的渴望。”

她写道，这种健康的依恋就是浪漫爱情的精髓。当伴侣双方都能“听到对方的哭声，并以抚慰的关怀来回应”时，他们的关系就会发生关键性转变。

在约翰逊发展情感聚焦疗法的几年时间里，她还对其他治疗师开展了相关培训，现如今她在北美和世界各地已有数千名学员。与更传统的夫妻咨询形式相比，情感聚焦疗法的效果特别好。好几项研究都表明，那些接受过情感聚焦疗法治疗师指导的夫妻，有 70%~75% 的人表示，他们感情生活中的压力减少了，幸福感增加了。

詹姆斯·科恩的“磁共振牵手实验”证实了情感聚焦疗法在神经学基础上的有效性。24 名自称婚姻不幸福的女性单独接受了磁共振扫描。当受到电击威胁时，无论是握住陌生人的手还是丈夫的手，她们的大脑活动都是一样的。但经过几个月的情感聚焦疗法咨询后，当这些女性再次进入扫描仪，握住丈夫的手时，她们的大脑变得十分平静。她们声称尽管电击让人感到不舒服，但并不痛苦。研究人员由此得出结论：在伴侣在场的情况下，情感聚焦疗法可以改变大脑对威胁的编码和反应方式。

苏·约翰逊指出："作为一种安全信号，爱确实能使我们大脑中的神经元感到平静和舒适。"

当埃德加的婚外情曝光后，他要求进行心理咨询，但蒂芙尼不愿意。因为她曾因焦虑和沮丧而看过治疗师，但没有什么帮助，埃德加却坚持己见。虽然他俩都有工作，埃德加是一家清洁服务公司的区域经理，蒂芙尼在一家宠物店做兼职销售，但他们的经济压力很大。蒂芙尼在结婚前已经有了两个孩子，现在正怀着她和埃德加的第一个孩子。为了省钱，他们和蒂芙尼的父母住在一起。

埃德加在马里兰州成立了一家非营利组织，开展公益性咨询项目，为资源有限的人和愿意免费提供服务的心理健康专业人士搭建桥梁。于是，蒂芙尼和埃德加被介绍给了一位注册婚姻和家庭治疗师莉娜·伯纳德兹（Reena Bernards）。

在蒂芙尼和埃德加的允许下，我在马里兰州银泉市的一家餐厅里见到了莉娜。

莉娜告诉我，学习情感聚焦疗法很有挑战性，但经过八年的实践以及处理了几十个案例后，她发现它很有效，尤其是在处理复杂的关系时。"这种方法对'升级'版的伴侣特别有用，"她说，"'升级'版的伴侣指的是那些处于'行为的恶性循环中、相互指责、感到绝望，包括有外遇的夫妻'。"

在她的实践中，情感聚焦疗法的咨询通常要进行 20~30 次，持续时间为 6~10 个月。但蒂芙尼和埃德加只进行了 14 次就完成了，这是她见过的结束最快的案例。“并不是所有伴侣都能坚持到最后，”她说，“有些人的情况好转了，还有些人决定分手，尽管这种情况很少见。”

治疗一般分为三个阶段。

情感聚焦疗法的第一个阶段：缓解情绪

在前两次咨询会面中，莉娜会先让伴侣们熟悉流程，并开始了解他们。当她回忆起对蒂芙尼和埃德加的第一印象时，她说：“我觉得他们之间充满了爱和关怀，但我担心埃德加的婚外情及其可能带来的影响。这是一个真正的裂痕，我不知道能否修复它。”她的另一个目标是确定这对夫妇的消极情绪行为的循环，打断它，并帮助他们逐步缓解这种情绪。

第一步是分别与伴侣双方见面，询问他们的家庭背景和成长经历。这些问题来自成人依恋访谈（见第 2 章），旨在揭示双方的依恋风格。通过这些信息，治疗师可以判断信任和不信任的模式、每个人在情感上的开放程度，以及他们愿意依赖他人的程度。

“在成长过程中，我真的不相信任何人，”蒂芙尼告诉莉娜，“我不信任别人，这导致我无法依赖他们，尽管我想要这样做。”在和埃德加的关系中，她延续了同样的相处模式：“在埃德加出现之前，我已经独自养大了两个孩子，我需要他的帮助，但又觉得不能依赖他。”

埃德加在回答成人依恋访谈的问题时承认，在和蒂芙尼的关系中，他重复了自己从小到大都在使用的相处模式：“蒂芙尼不相信我能帮上什么忙，所以我只能一个人待着，我觉得自己没什么用。”

根据对以上情况的了解以及与蒂芙尼和埃德加的进一步交谈，莉娜总结道，蒂芙尼属于焦虑型依恋，而埃德加是回避型依恋。“这是一个发展变化的过程，”她继续说，“没有谁的依恋风格是一成不变的，但总的来说，他们的依恋风格就是这样的。”

就这样，蒂芙尼和埃德加陷入了可怕的焦虑 – 回避陷阱。“对于回避型依恋的人来说，”莉娜解释道，“亲密关系可能是危险的，但他越是逃避，焦虑型依恋的人就越是步步紧逼，所以他们很容易陷入焦虑 – 回避陷阱。”（想知道为什么这种组合会有问题，详见第 5 章）

在莉娜治疗的夫妻中，她不断发现非安全型依恋的过度表现。“我曾经遇到过一对夫妻，其中一方相对属于安全型依恋，这确实有助于事情向前发展，但我不认为他们任何人对钱有安全感，不然他们就不会在已有的问题上纠结那么久，也不会结束心理治疗了。”

莉娜说，在她的来访者中，焦虑 – 回避型的组合很普遍。她也见过伴侣双方都是焦虑型依恋，或一方是焦虑型，另一方是混乱型的；但她从未遇见两人都是回避型依恋的。

在早期会面中，莉娜会探讨焦虑型和回避型依恋风格在夫妻关系中的作用。例如，一个焦虑型依恋的人可能会对伴侣有强烈的需求，但同时又永远不会完全相信这些需求能得到满足。对一些人来说，这样做可能会引发批评和抱怨。

例如：“你不是我真正需要的人，你又要让我失望了。”或者，它也可以被表达为一种极端形式的自力更生，而实际上只是一种防御机制。表面上，焦虑型依恋的人经常责备伴侣，但实际上他们却是在寻求亲密和关爱。

另一方面，回避型的人可能不知道怎么在一段关系中满足伴侣的需求，他们选择逃避，而不是迎合伴侣。有时，一种撤退（退出一段关系）的方式就是出轨。

相比之下，焦虑型依恋的一方出轨，往往是在试图获得满足感，而一旦得不到满足，他们就会“枯竭”。“我们称其为‘筋疲力尽的追求者’。”莉娜解释道。

风险因素

情感聚焦治疗的第一阶段，特别是在单独治疗的过程中，治疗师可能会发现任何一方正在采取的不利于治疗的行为，包括药物滥用、家庭暴力和出轨（一些研究人员认为，筛查出这些最困难的来访者，可能有助于提高情感聚焦治疗的成功率）。

在这种情况下，莉娜很庆幸埃德加的婚外恋不是一个风险因素。“埃德加和蒂芙尼都告诉我这件事已经过去了，”她回忆说，“蒂芙尼说她丝毫不怀疑这一点。”

从依恋关系的角度看，出轨的是埃德加，而不是蒂芙尼，这不奇怪：在一对伴侣中，出轨的往往是回避型依恋的一方。

与安全型和焦虑型依恋的伴侣相比，回避型依恋的一方往往“对两性关系的忠诚度较低”，因此容易出轨。他们也更有可能对“挖墙脚”做出积极的回应，在有异性“示好”时移情别恋。

另外，焦虑型依恋的伴侣存在更大的暴力风险。由于对亲密关系有着强烈的渴望，在分离的压力下，尤其是对可能分手的恐惧，可能会引发焦虑型依恋者的敌对反应。鲍尔比称之为“由恐惧引发的愤怒”。

这似乎很奇怪，因为我们通常认为焦虑型依恋的一方需要亲密，但研究证实，如果恋爱关系中存在暴力，那最有可能来自焦虑型依恋者。菲利普·谢弗和马里奥·米库利切指出："从依恋关系的角度看，'伴侣之间的暴力'是对感知到的伴侣无法相处和缺乏回应的一种夸大形式的抗议。"

其他研究人员指出，这是事实，这有时被称为"普通的伴侣暴力"，即失控的争吵，但可能不会升级为更极端的暴力，如殴打。

然而，蒂芙尼和埃德加之间的问题不是暴力，所以他们继续向莉娜咨询。

情感聚焦疗法的第二个阶段：修复依恋伤口

在这一阶段的治疗中，每个人都有机会说出自己的恐惧、悲伤或孤独等情绪是被对方的什么行为激起的，以及当感受到这些情绪时，自己需要些什么。这是修复依恋伤口的开始。

比如，在有人出轨的情况下，治疗师会努力理解被背叛的一方的情绪，以及怎样才能治愈他，并了解出轨一方的情绪以及导致这种行为的原因。"这并不是在纵容出轨，"莉娜强调说，"只是要理解为什么会发生这种事情。"

这阶段的第一步是莉娜所说的"撤退者重新进入"。在这种情况下，这意味着要问埃德加："当你和蒂芙尼陷入自我感觉不好的恶性循环中时，你真实的感受是什么？"莉娜让埃德加把这种感觉告诉蒂芙尼。他回答说他经常觉得自己需要一个怀抱。

接下来，莉娜问蒂芙尼，当她感觉不能信任任何人、把家庭的所有重担都扛到自己肩上时是什么感觉；她让蒂芙尼把这种感觉全部都告诉埃德加，并告诉他此时此刻自己需要什么。莉娜还让蒂芙尼谈谈埃德加的出轨对她来说有多么糟糕。在听了蒂芙尼的诉说后，埃德加道了歉，并说出是什么导致了这段婚外情，以及在治疗过程中发生了什么变化，并承诺不会再让这种事情发生。

在治疗进行到这里时，蒂芙尼的奶奶病重住院了，蒂芙尼要陪她度过生命中最后的时光。对蒂芙尼来说，这是一个和埃德加一起练习他们在治疗中所学知识的机会，尽管苦乐参半。

“莉娜的重点是，埃德加和我在感情上是如何彼此需要的，这对我来说很新颖。我从未意识到我有多么需要他。所以当我奶奶生病时，我意识到在困难的时候我可以信任和寻求埃德加的帮助。

“后来，我奶奶去世了，我让埃德加抱住我，他给了我很多安慰。莉娜使我意识到，我从来都不愿意让这种安慰进入我的生活。在此之前，我总是把埃德加推开。我不敢让他靠近，我怕他有一天会离开我，毕竟我过去的生活模式就是那样的。”

埃德加回忆道：“在蒂芙尼的奶奶去世之后，我一直在安慰她。我觉得她接纳了我，让我成了她生活的一部分。我拥抱她的时候，她最后也回抱了我一下。”

情感聚焦疗法的第三个阶段：巩固成果

夫妻双方总是有可能重新陷入他们的恶性循环，所以在情感聚焦治疗的最后阶段，治疗师会鼓励他们通过使用不同的对话来找到摆脱恶性循环的方法。例如，当一对夫妻很受伤或很失望时，他们可以学着表达自己的潜在情绪，不是简单地说“我很生气”，而是表达内心深处的感受：我很害怕、很悲伤、很孤单，我想念你。这很难学会，但却很有效。

蒂芙尼回忆起她和埃德加的最后一次咨询：“莉娜问我们今天想要

讨论什么？我说，‘我觉得我们现在很好，我们可以结束咨询了’。”

埃德加回忆道：“莉娜教会了我们如何化解敌对状态中的所有问题。”

“现在我们有了更好的沟通方式。”蒂芙尼说。对莉娜来说，这对夫妻给她留下的印象很深。“总而言之，他们很认真地对待治疗的过程，冒着情感上的风险，最后取得了成功。他们是一对可爱的夫妻，在这半年的时间里，他们一起勇敢地面对问题，我看到他们的关系发生了巨大的变化。我希望他们能继续成长，保持良好的关系。”

在了解了情感聚焦疗法后，特别是在得知蒂芙尼和埃德加经过莉娜的治疗有了良好的结果后，我想知道如果这种疗法得到更广泛的应用，成千上万对伴侣的结局是否会有所不同。他们能否了解自己的依恋需求，以及如何表达隐藏在愤怒、伤害和不信任之下的情绪，并原谅对方，从而让更多的孩子在一个稳定、完整的家庭中成长呢？

在我与蒂芙尼和埃德加在“幽会”咖啡馆见面一年之后，偶尔我们还会通过电子邮件叙叙旧。蒂芙尼在邮件中告诉我：“我和埃德加在去年 12 月有了一个孩子，取名叫卢卡斯，现在七个月大了，我们的生活更加忙碌了。自从我们上次见面以来，我们都尽了最大的努力来改善关系，这个孩子让我们变得更加亲密了。”

蒂芙尼补充说，由于她孕期的大部分时间都需要卧床休息，因此这一年她和埃德加一直和父母住在一起，以获得更多的帮助和照顾。“尽管父母对我们很好，”她写道，“我们的处境还是非常艰难，但我们从莉娜那里学到的一切发挥了很大的作用。后来，我们搬回了自己家，现在过得非常幸福。”

蒂芙尼在信的末尾写道：“我们没有再和出色的莉娜女士联系，但我们觉得这未尝不是一件好事。”

第 8 章

友谊：亲密的朋友如何成为我们的避风港

单身人士可以依恋谁：亲密朋友

我迟疑地敲了敲对面公寓的门。有人搬进来了，我觉得应该打个招呼。先是一声狗叫，然后门开了一条缝，有个女人喊道："'酋长'，安静！"门又打开了一点，我看见了新邻居：一位二十五六岁的年轻女士，棕色长发，脸上挂着和善的笑容。她的头歪着，戴着颈托。

她邀请我进去坐坐。

对于一位生活在华盛顿特区的年轻专家来说，她的公寓看上去并不符合一般人的想象——没有学历证明、竞选海报，也没有与政客的合影；相反，屋里的陈设朴实无华、令人感觉非常舒适：摆放了很多装裱好的全家福，还有抱枕和被子，以及给狗玩的毛绒玩具。

然而，厨房里挂的一幅画却暗示了我这位年轻邻居的现状，画上写道："如果生活给了你酸橙，那就加点龙舌兰酒吧。"我猜，珍最近一定吃了太多"酸橙"（为了保护隐私，她要求我不要透露她的姓氏）。

四个月前，在珍 25 岁生日的时候，她因车祸而受了伤。当时，她开车载着她母亲和姐姐前往华盛顿市中心。她在红灯前停车时，后面的车追尾了。她母亲和姐姐的伤势并不严重，但她的脖子扭了一下。她的颈部和头部都受伤了，还有脑震荡。她被救护车送到了医院。

在这起事故发生前，她那段短暂而不幸的婚姻刚刚结束不到一年。

尽管面临身体和精神上的双重挑战，珍似乎应对得很好。颈部和头部的伤使她疲惫不堪，经常站不稳。她告诉我，她有一次在洗澡的时候跌倒了；还有一次，我看见她走进电梯时跌了一跤，弄洒了一杯热咖啡。但是她每天都自己起床、穿衣，按时治疗——她要看神经科医生、脊椎按摩师和理疗师。每天，无论天气如何，她都会带着那条 30 多千克重的黑色拉布拉多犬"酋长"散步。

这对任何人来说都很难应对，尤其是一位刚刚离婚的单身人士。她和家人似乎很亲密，他们也很支持她：她的父母和阿姨们经常轮流在她家里过夜帮忙。但是，我想知道在这种情况下，珍的朋友们扮演了怎样的角色。我想起了早些时候和哈里的一次对话：

> 研究人员有时会说，似乎只有已婚或有对象的人才拥有依恋关系。但也有很多单身人士，他们的生活中并非没有安全基地和避风港。那么他们的依恋需求是如何得到满足的呢？

哈里说，通常是通过一个特别亲密的朋友。

哈里并不是认为大多数友谊都涉及依恋关系，而是说亲密、相互支持、长久的朋友至少可以满足我们的某些依恋需求。

我知道我的邻居就有这样的朋友。

我第一次看到露西，是在珍卧室里一张裱起来的照片里。这张照片是几年前拍的，那时珍的生活还很幸福。照片里，露西的胳膊搭在珍的肩膀上，她们的头紧紧挨在一起，一起对着镜头微笑。“她很漂亮，红头发，脸上有点雀斑。”珍这样描述露西。

她们都是在马里兰州的郊区长大的，但上的是不同的学校。直到高一暑假，她们在一家军事医院做志愿服务时才认识。

珍回忆说，实际上当时她们做的工作十分简单，只是帮忙整理装满了捐赠给截肢患者的物品的储物柜。

“但我们也会见很多病人的家属，”她回忆说，“我们照顾的有些病人最后去世了。在 17 岁的时候经历这些是很难忘的。”

病人和医院的工作人员看到珍和露西总是在一起，就称她们为“时尚和优雅”的组合。

“你是哪一个？”我问道。

“我觉得我是时尚的那个，”珍说，“露西则一直很优雅，她很矜持，做事很有条理。她经常穿有蝴蝶结和蕾丝的衣服，而我更爱穿运动服和牛仔裤。”

上高三的时候，她们继续做志愿者。“这成了我们生活的一部分。”珍说，最终她们一起管理了这个项目。

高中毕业后，珍去了马里兰州上大学，而露西去了罗德岛上大学，但她们会去看望对方，一起度假。当珍飞去亚利桑那州看望她的祖母时，露西也去了。“她成了我家庭的一分子。”珍说。

在珍的婚礼上，露西和其他伴娘站在一起，每个人都穿着香槟色的亮片裙。在婚宴上，露西和珍的家人坐在一起。

"露西是我见过的最善良、最有同情心、最善解人意、最无私奉献的人，"珍总结道，"在我的生命中，尽管我还拥有其他亲密的朋友，但露西一直是我最好的朋友。"

"对了，她昨天给我发短信说她下周会来。"

露西住在纽约，为一家线上杂志做市场营销。尽管珍和露西一直通过电话和短信保持密切的联系，但她们已经好几个月没有见面了。

"我可以看一看你们重聚时的情景吗？"我问珍。

"当然可以，"她说，"只要你不介意听到我们的尖叫声。"

珍对露西的依恋

珍在十几岁的时候发现露西是一个可以满足自己依恋需求的朋友，这符合研究人员发现的模式：早在中学时期，随着青春期的到来，年轻人会开始把一些依恋需求从父母那里转移到同龄人身上。首先需要转移的依恋需求通常是"亲近需求"——也就是说，希望与朋友之间保持身体上的亲密，或至少保持密切的交流。在十几岁到二十出头的时候，另一个可能需要转移的依恋需求是"安全基地和避风港"：当遇到问题时，依靠一个可靠的朋友来获得安慰和支持。

然而，值得注意的是，研究表明，一个人的"安全基地和避风港"——得到某人坚如磐石的承诺，坚定自己探索世界的信心——通常不会转移，直到他们找到伴侣或配偶，而有些人即使结了婚，也仍然把父母作为"安全基地和避风港"。

为了帮助人们确定究竟是哪些人满足了自己的这些需求，包括康奈尔大学的辛迪·哈赞在内的依恋研究人员开发出了 WHOTO 量表。这份量表旨在揭示当我们感到痛苦或需要帮助时会去找谁。例如，有一个问题是关于亲近需求的："谁是你最离不开的人？"另一个问题则探索了避险需求："当你为某些事情担心时，你想向谁倾诉？"涉及人们对"安全基地和避风港"的需求的问题包括："你知道谁会一直陪着你？"和"你想和谁分享你的成功？"

虽然亲密的朋友可以满足某些特定的依恋需求，但青少年或年轻人之间的友谊成为一种真正的依恋关系还是挺不寻常的。要想做到这一点，这段友谊需要满足所有的依恋标准，包括安全基地和"分离抗议"——对与朋友实际或潜在的分离表现出情绪上的不安。正如研究人员温多尔·弗曼（Wyndol Furman）所指出的：

> 有些人可能会寻求与朋友的亲近，有些人可能会把朋友当作避风港，但大多数朋友似乎并不能成为探索世界的安全基地；个体在被迫与朋友分开时，通常也不会提出抗议。

然而，有些友谊，尤其是成年兄弟姐妹或老年人之间的友谊，的确可以满足所有这些需求，因此可能上升到真正的依恋关系水平。

对珍来说，第一次把露西当作"安全基地和避风港"可能是在她的婚姻破裂期间。

"我哭着给露西打电话，"珍回忆道，"我们在电话里聊了很多，很多事情我可能重复了无数遍，但露西的反应出乎我的意料，她非常完美地扮演了倾听者的角色。她没有任何评价之词，只有感同身受。'是的，你很受伤，'她说，'我非常理解你内心的伤痛'。"

"当时我很年轻，其他朋友都不知道该怎么处理离婚的事情，"珍回忆道，"但是露西知道。"

"她可以理解那种复杂的心情。所以有一天，我想'我必须离开他'，隔了一天我又想，'我已经坚持了这么久，我现在不能放弃。'

但无论我如何选择，她都支持并帮助我克服困难。她是我最大的支持者。”

珍回忆说：“我把那个人赶出去后不久，就和露西待在一起了。”后来，当珍回到华盛顿后，她和露西一直通过电话、短信和 Facebook 保持联系，还经常看望对方。

珍的这段婚姻仅维持了 10 个月，最后还是以离婚告终。

研究表明，一段友谊的质量和稳定性受到双方依恋风格以及这两种风格的融合性的影响。依恋领域的一些强有力的发现表明，一个人的依恋史会影响其亲密友人的数量及其与他们之间的亲密度和友情的稳定性。

与恋爱关系一样，安全型依恋的人最会交朋友和维持友谊。这是因为友谊也是亲密关系，因此会受到个体在幼儿时期基于照顾者 – 婴儿经验所形成的关系的心理模式的影响。

这种影响在小学阶段最为明显。国际公认的早期依恋关系专家艾伦·苏劳菲（Alan Sroufe）指出，“婴儿的依恋安全感可准确预测其在每个年龄段交友的能力”，并可预测友谊的质量。另一方面，非安全型依恋则预示着以后与朋友的关系会出现更多的问题。

安全型依恋能够给一个人成功建立和维持友谊的能力带来诸多优势：在不同的研究中，与非安全型依恋的朋友相比，安全型依恋的朋友更愿意自我表露（适当地这样做），更适应情感亲密，更值得信赖，更勇于做出承诺，更能与朋友进行顺畅稳定的互动，能更好地解决冲突，并对友谊的总体满意度更高。

那些焦虑型依恋的人呢？他们也会在友谊上投入精力，并忠于友谊，而且很容易自我表露——有时会过度。但有时他们又可能会因朋友们不能满足自己对亲密的强烈需求而责怪他们。此外，在高度焦虑的人群中，害怕被抛弃的心态可能会导致一些人向朋友施压，要求他们做出超出他们意愿或能力的承诺，从而导致与朋友疏远。

相反，由于对独立自主的强烈渴望，回避型依恋的个体较少进行自我表露，在友情中得到的回报较少，而产生的冲突较多。一项针对120组年龄在17~56岁之间的同性朋友的研究发现，那些高度回避的个体对友谊仅有较少的承诺和投入，他们对友谊的满意度也较低。

虽然我从未见过露西，但从珍对她的描述中可以看出，她在珍的婚姻危机期间给予了珍体贴且坚定的支持。我对露西形成了这样的印象：她可能是一个安全型依恋的朋友。

两天后，珍邀请我和她一起去遛狗。“绳子呢！”当我们准备离开公寓时，珍对“酋长”说，然后它听话地用嘴叼起狗绳。

珍不再戴颈托了。她把乌黑的头发盘成一个髻，用一条头巾包着，她的理疗师说这可能有助于缓解头痛。事故发生后，她还习惯戴着又大又圆的太阳镜遮光，这些配饰可能有辅助治疗的作用。但她的整体造型绝对够时尚，让我想起了电影《蒂凡尼的早餐》（*Breakfast at Tiffany's*）中年轻优雅的奥黛丽·赫本（Audrey Hepburn）。几年前，可能珍很时尚，露西很优雅，但那天下午，当我们漫步在华盛顿特区的大使馆和大厦之间时，珍看起来也很优雅。

我们走了一个街区，停在了一座庄严的建筑物前的一块草地旁，这座建筑物曾是亚历山大·格雷厄姆·贝尔[①]（Alexander Graham Bell）的家。

“‘酋长’，动起来！”珍说道，它立刻行动起来。

珍拿着一个塑料袋跟在它后面。

---

① 著名的苏格兰裔发明家、企业家，电话的发明者。——译者注

虽然“酋长”的体型很大，但却特别温顺听话。

最初，一家非营利性机构本想把“酋长”培养成退伍残疾军人的服务犬，但它没有通过最终的考试，因为它总是一直不停地叫唤，所以珍收养了它。

“但有趣的是，它还是帮助了你。”我说道。

“是的，每个人都这么说，”珍说，“他们说它是故意失败的。”

在我们散步的时候，我注意到很多二三十岁的人，其中几乎一半的人都盯着手机屏幕，也许在社交媒体上和朋友聊天。这让我想起了最近的一项研究，它比较了不同依恋风格的人，以及他们对线上和线下友谊的满意度。结果很有趣：无论是哪种依恋风格，与网友相比，人们更倾向于对现实中的朋友自我表露，或许也因为此，大多数人对现实中朋友的满意度要高于网友。但焦虑型依恋的人除外，他们对线上线下友谊的满意度没有区别——他们对这两种类型的友谊都不满意。显然，经常导致焦虑型依恋者对人际关系不满的因素，尤其是对朋友没有提供他们所渴望的亲密和承诺的沮丧，同样适用于线上友谊。

我们继续往前走，珍告诉了我露西的行程：她明天就能抵达，但还不确定她们什么时候在哪里见面，但珍表示她们很欢迎我。

从珍之前的描述来看，很明显，露西在珍分居和离婚期间发挥了满足亲近需求（与朋友保持亲密关系或至少保持密切的沟通）和提供避风港（一个可靠的朋友能够提供安慰和支持）的依恋功能。然而，我很好奇，在珍近期遭遇车祸后，露西有没有继续发挥同样的依恋功能。当时露西住在纽约，车祸发生后，珍因为脑震荡不能长途旅行，但她能经常打电话或上网。

“当然，我当时并不知道，”珍说，“但是我母亲在我车祸后立刻给露西发了短信，没过几天她就来了医院。”

我想，这也算是亲近需求的一种，但是避风港呢？露西来了以后，她会怎样安慰和支持珍呢？

“她能给我洗澡。”珍说。

“给你洗澡？”我问。

“是的。她来到医院，因为我一天24小时都在输液，所以无法自己洗澡。露西就帮我洗澡。我当时一丝不挂，她挽起袖子给我洗头、洗身体，还给我扎头发。”

这是我听过的最令人心酸的关于避风港的描述。

“那一刻，我一点也不觉得奇怪，而且我也不相信其他任何人能做这件事，”珍说，“这就是为什么作为一个成年女性，你要有一个最好的朋友。”

当我和珍带着“酋长”在附近转了一圈后，我突然意识到，尽管珍最近经历了那么多，但她在很多方面都是一个幸运的年轻女性。

如果你有一个非安全型依恋的朋友

那天下午，我离开珍和“酋长”以后，想了一下珍告诉我的关于露西的事情，露西似乎是天然的安全型依恋。

但要是另外一种情况呢？珍和露西是在军事医院做志愿者时偶然相遇的，如果她们成了好朋友，但珍后来发现露西不是安全型依恋，而是高度焦虑或回避型的呢？

当一个朋友是非安全型的依恋风格时，怎样才能更好地维持一段友谊呢？

“对待没有安全感的朋友，要与他们的防御保持一致。”哈里建议道。换句话说，如果你的朋友是焦虑型依恋，那你就要经常向他保证你的可用性和承诺；如果他是回避型依恋，那就不要太过亲密，而是要给他空间。

这种方法可能可行，但最终会令人沮丧，因为这个人仍然可能无法成为你亲密、稳定的朋友。然而，现在一项突破性的研究为缺乏安全感的朋友，尤其是那些高回避型依恋的朋友提供了一些希望。

“事实并非如此，”新西兰一所大学的研究人员断言，“高回避型依恋的人不希望或不需要关心和支持，他们却得到了。但他们也想保护自己，不让自己在寻求或依赖伴侣时受到忽视和伤害。”

这项研究针对的是恋爱双方，但也可能适用于朋友。研究发现，对于回避型依恋的人来说，虽然一般水平的支持可能只会触发他们对依赖的恐惧，但非常高水平的支持却可以打破这些防御，使其对朋友的支持做出积极的反应。

然而，并不是所有的支持都有效。情感支持，比如表达关心或理解和同情，并没有多大帮助。但是，当回避型依恋的人持续得到非常高水平的实际支持，如提供信息、建议具体行动、提出解决问题的方法时，他们的防火墙就会瓦解。

所以，如果你的朋友是回避型依恋，那一般来说，不要要求太多的自我表露或亲密，而要给予他足够的空间。但如果你真的想和他建立一种更亲密的关系，可以试着以实际的方式给予他高度支持：提供信息、建议具体行动、提出解决问题的方法。随着时间的推移，这可能足以打破他的防御，使其敞开心扉，信任你并与你共享一份更亲密的友谊。

遗憾的是，同样高水平的支持似乎对焦虑型依恋的朋友不起作用。

研究人员发现，即使是高水平的情感或行为支持，也不足以满足高焦虑型依恋的人“对亲密和关心贪得无厌的渴望”。实际上，焦虑型依恋的人很容易把这种关心理解为自己无能的信号，从而引发对自己的负面看法，甚至产生更多的怨恨和防御。研究人员发现：“尽管高焦虑型依恋的受助者渴望得到支持，但他们往往不懂得感激或无法从支持中平静下来。”

对于一个焦虑型依恋的朋友来说，最好的方法就是不断地强化你的可用性和承诺。但是，哈里教授警告说，这类人对安慰的需求往往“无法满足”。此外，尽管一些焦虑型依恋的人非常渴望维持一段关系，但随着时间的推移，他们会憎恨这种依赖以及这段关系，进而撤退并导致关系破裂。忽视这种周期性的情绪紊乱可能是另一个好策略，因为在许多情况下，这种关系破裂都只是暂时的。

优雅的露西

“我现在要去尼克家庭酒店见露西。”第二天下午珍给我发短信说。

珍和几个来她家的朋友一起步行去酒店餐厅见露西。他们也带上了“酋长”，当然还有我。

我们要穿过华盛顿特区的市中心，路过一个正在施工的建筑工地时，珍忽然失去了平衡。她告诉我，巨大的噪音会让她产生严重的应激反应。

我们在到达酒店后并没有看到露西。珍不能带“酋长”一起进入餐厅，所以她给露西发短信说我们在外面等她。

在等待的过程中，珍伸手拉下她的鞋后跟，她怀疑脚被磨出了水泡。

然后，我看见一位年轻的女士走了过来。她看起来和珍年龄相仿，个子也差不多，我之前在珍家里见过她的照片，即使从远处看，我也能认出她来，她红色的长发盘成了一个圆髻。

“那不是露西吗？”我问珍。

“哦，我的天啊！”她叫道。她没有把鞋子穿回去，而是一瘸一拐地朝露西奔去。

我用绳子拴住“酋长”，我看到珍拥抱了她最好的朋友，随后她松开了一点，对露西笑了笑，然后又抱住了她。

她们手挽着手向我们走来。珍把我介绍给露西，露西弯下腰把珍的鞋拿了回去，帮她重新穿上。当她这样做的时候，珍一直在说个不停，向她讲述从上一次通话以来发生的所有事。这让我想起了一个放学回家的孩子，有太多话要对母亲说，甚至在放下书包的时候都停不下来。

“我真希望你没有带狗来，”露西对珍说，“这样你就可以进餐厅了。”

“我爱你。”珍回应道。

“我也爱你。”露西说。

她们再次拥抱在一起，珍把头放在露西的肩膀上，然后她转过身来，和露西背靠背地站在一起，她们把胳膊挽在一起。露西似乎对这个举动并不惊讶，我想这可能是她们年轻时为了好玩而做的事情。

“嘿，你们谁是时尚的那个，谁又是优雅的那个？”我问她们。

“我肯定是优雅的那个。”露西说。

“那我们什么时候才有时间？”珍问露西，她的意思是不只是在餐厅外面简短地交流。露西同意加入大家一起玩，这样珍的朋友们就能帮忙看着“酋长”，而珍就可以和露西一起进餐厅了。

我选择了离开，我看着露西挽着珍的胳膊，扶着她，一起走进餐厅。

珍和露西的亲密友谊满足了珍的基本依恋需求，尤其是在她面临困境时：即使不是经常联系，这样的亲密关系也为她提供了一个安全的避风港。联想到我们自己的友谊，我们可能会问自己：我们是不是朋友满足一些依恋需求的唯一选择呢？

第 9 章

衰老：依恋风格如何影响我们应对退休、疾病与死亡焦虑

星期天早上 7 点钟，电话铃响了。“是彼得吗，我是朵拉，”朵拉在帮忙照顾我父亲，“快过来，我刚叫了救护车。”

我在几分钟内就穿好衣服出了门，我以为要先去医院。

到了我父亲的住所，朵拉摇着头走向我。

“他已经过世了。”她说。她告诉我，早上她到的时候，发现他躺在卧室的地板上。

我进去看了看。

虽然我的父亲已经 96 岁了，但目睹他去世的场景，我还是非常震惊。当你第一次意识到你的父母终有一天要走向生命的终点时，你最

害怕的事情已经发生了，你一下子就看到了故事的结局，还有时间和地点。

父亲穿着米色睡衣躺在地毯上，面对着一张特大号的床，自从母亲去世后，他一个人在那张床上睡了六年。他前额上有一道伤口，我猜他可能是前一天晚上像往常一样起来上厕所时心脏病突然发作，然后磕到了玻璃床头柜上。或者，正如法医后来所说的，他可能在睡眠中突发心脏病，醒来后觉得不舒服，试图起来却跌倒了。

我没有想到父亲会在我写这本书的时候过世，但事情就这么发生了。回顾过去，我可以看到他的去世以及他去世前那段时间的状态是如何阐释随着年龄的增长，依恋风格对人的影响的。这是因为衰老和伴随衰老而来的疾病威胁着我们的健康甚至是我们的存在，从而激活了依恋系统。

在许多其他情况下，安全型依恋的人都比非安全型依恋的人更能应对这些威胁和压力。父亲的事给我上了一课，那就是我们在作为父母照顾孩子的同时，也要记得照顾老人，因为我们最终也会衰老。

依恋风格如何影响我们应对退休与生活转折

1985 年夏天，我父亲卖掉了印刷公司，那时他已经 69 岁了。他和他的哥哥在 20 岁出头的时候在经济大萧条时期创办了大湖印刷公司。

父亲卖掉公司的时候，这家公司已经占据了好几个街区，拥有 400 多名员工。这桩买卖很划算，买主付的是现金，但这意味着我父亲马上就要退休了。我很好奇他会如何应对这种身份的变化。

人们如何处理生活中的重大转变，特别是那些涉及身份和自我概念的转变，会受到依恋风格的影响。在一项针对近期失业或成为空巢老人者的研究中，安全型依恋的人比非安全型依恋的人“愿意付出更大的努力解决问题”，并且“幸福感下降较少”。这与其他研究所表明的依恋安全有助于增强自信、乐观和对未来的信任是一致的。

有趣的是，研究人员发现，非安全型依恋的老年人所占的比例会随着年龄的增长而变化。比如，焦虑型依恋的人会随着年龄的增长而减少。这可能是因为一些成年人由于长期稳定的婚姻、养育子女的经历或其他健康的长期关系而逐渐变得更有安全感。

然而，与此同时，回避型依恋的人却随着年龄的增长而有所增加。研究人员推测，太多朋友和亲人的死亡可能会逐渐导致一些老年人失去忍耐力，甚至丧失再发展一段关系的欲望。这或许可以解释为什么人们会形成这样一种刻板印象，觉得老年人的脾气都很坏。例如，在美剧《宋飞正传》（*Seinfeld*）的《老人》（*the Old Man*）一集中，杰瑞和脾气古怪的老希德·菲尔兹（Sid Fields）通过“赡养老人”计划配对。杰瑞去希德的公寓看望他，热情地说：“我来与你共度美好时光。想要一杯咖啡吗？”希德回答：“和你吗？我宁愿死掉，请你立刻滚出我的房间！”然而，斯坦福大学的心理学家劳拉·卡斯滕森（Laura Carstensen）（也是我的高中同学）却给出了一个截然不同的解释。她那广为人知的社会情绪选择理论表明，随着年龄的增长，我们会逐渐摆脱肤浅的关系，专注于重要的关系，因此，尽管我们与他人的互动可能会相对减少，但在情感上却会更加丰富。这一观点大大削弱了希德的“刻板印象”。

我不能确定我父亲的依恋风格是哪一种，但他生活的很多方面都呈现出安全型依恋的特征：他有一段长达 66 年的稳定婚姻；他和两个哥哥的关系一直很好，他们还是他的生意伙伴；他还有不少从童年时代就相识的好朋友。他似乎从小就很有韧性，对待生活很积极。例如，他曾回忆起自己从四岁起上幼儿园的快乐时光，他喜欢整天和老师待在一起，而其他孩子却在那里不停地哭。

父亲的情绪似乎一生都很稳定。令人难以置信的是，即使是在生意出现变故或家庭面临难题时，他也从未彻夜不眠过。事实上，随着年龄的增长，良好的睡眠也是评定安全型依恋的一个指标。在 2009 年的一项研究中，研究人员发现安全型依恋的老年人比非安全型依恋的人更容易入睡。相比之下，焦虑型依恋的人可能由于“对日常挑战的专注”，晚上更难以入睡，更喜欢小憩，更依赖安眠药。

在父亲的一生中，他似乎在任何情况下都能泰然处之，并相信自己有能力应对，这是安全型依恋的进一步证据。例如，在我母亲的葬礼之后，当我问他是否可以独自住在公寓里时，他说：“我还有什么选择？这就是我的命运，我必须尽我所能迎接挑战。”

如果我父亲的依恋风格确实是安全型，就可以解释为什么他可以很好地处理突如其来的退休过渡期。他和两个哥哥一起，用出售所得在郊区租了一间办公室。他们从小生活窘困、家境贫寒，同睡一张床，这时他们仍然相互陪伴，一起讨论当天的时政新闻，与朋友们共进午餐，把办公室变成了一个类似俱乐部的地方。

依恋风格如何影响老年人的健康和福祉

在父亲退休将近 20 年后的一个早晨，我偶然在他的有氧健身课上看到了他，他每周坚持上三次课。那天，我去社区办事，健身房的门在开着。我都记不清上次看到父亲穿着短裤和 T 恤是什么时候了。他的左膝上缠着一条弹性绷带，这处旧伤从他年轻时起就不断给他带来麻烦，第二次世界大战时，他也因此被拒绝入伍。然而，现在他和其他十几位老年人一起在这里，随着迪斯科的节奏和一位年轻女教练的指导声，做着手臂旋转和高踏步动作。

除了锻炼身体，在日常饮食和健康保养方面，我父亲也保持着良好的习惯，这都与依恋风格有关。研究表明，安全型依恋的人更擅长研究人员所说的“自我调节过程”，即遵循健康老龄化的基本原则：坚持锻炼身体，保持良好的饮食习惯，定期检查身体和服用处方药，以及避免吸烟、酗酒和滥用药物等风险行为。

相反，非安全型依恋风格则可能会妨碍这些行为。例如，一些研究表明，回避型依恋的老年人很少看医生，而那些焦虑型依恋的人虽然口口声声要减肥，但却没有采取必要的措施。

健康老龄化的另一个方面是维持强大的社交网络——这有助于长寿。例如，一项针对澳大利亚老年人的持续长达 10 年的研究表明，那些能够维持朋友圈的人比做不到这一点的人活得更久。研究还表明，安全型依恋的人更外向、更能接受他人，往往更善于寻找和结交朋友。

以我父亲为例，他在做生意时主要从事销售工作，他把自己的成功归因于与客户建立的良好关系，他把很多客户视为朋友。他很认真地对待友谊，“要想拥有朋友，你必须先成为朋友”是他最喜欢的格言之一。退休后，他仍然把这些关系维持得很好，他会邀请以前的客户和员工一起打高尔夫球、吃饭，他还会去医院看望朋友、参加朋友及其家人的葬礼。当他自己的病情开始恶化时，他也接到了很多他们的电话和拜访。

回避型依恋的老年人较少参与社交活动，也不会花很多精力寻求情感支持，总体而言，他们的亲密关系质量较低。焦虑型依恋的老年人情绪不够稳定，容易抑郁，这两种特质可能会影响其维持支持性社交网络的能力。

如果我们关心的老年人并不是安全型依恋，那如何才能帮助他们形成和维持社交网络呢？以下是我的初步想法：对类似《宋飞正传》中老希德这样的回避型依恋者来说，我们可以教他们玩线上游戏，与朋友、老同事一起玩填字游戏，这种游戏提供了一个远距离社交的平台，同时又具有一定的竞技性。

对于焦虑型依恋的人来说，我们可以通过社区服务中心或公寓楼的论坛帮他们找到合适的玩伴，每周来一场纸牌游戏，这种活动能够提供多次面对面、安全的接触机会。

这些想法可以有上百种变体——只需要一点点持续的努力和创造力。这样做有助于你通过依恋风格来观察对方。

依恋风格如何影响我们应对疾病

最终，我父亲的身体越来越差，无论是在健身中心，还是在餐厅或家里，他总是跌倒，他的胳膊和脸上经常有新的伤口和淤青。有一天晚上，他突然感到头晕目眩，我姐姐和我带他去了医院。核磁共振成像显示，他体内出血，而且由于结肠肿瘤而贫血，不久之后，他的结肠肿瘤被证明是恶性的。

医生说他只能活几个月了，建议他接受临终关怀的护理疗程。但我们咨询了一位年轻的结肠外科医生，他认为我父亲可以做手术。尽管他已经 96 岁了，而这位医生也从未给年纪如此大的人做过手术，但考虑到我父亲的基本身体状况，医生认为我父亲有可能活下来。然而，就他的年龄而言，他也有可能活不下去，或导致精神状态受损。

我姐姐和我给了父亲两种选择：临终关怀或手术。他毫不犹豫地选择了手术，他相信手术能成功。

与受伤和痛苦一样，疾病也是威胁我们的健康并因此激活依恋系统的事件之一。换句话说，我们对疾病的反应也会受到依恋风格的影响。

生病时，回避型依恋的人一开始可能会拒绝治疗，否认或淡化疾病的存在，或试图自己解决它。不过，从积极的方面看，他们也可能会抵制过度检查，毕竟过度检查有时会导致对一些仅有很小风险或根本没有风险的疾病的过度治疗。

另一方面，那些焦虑型依恋的人则可能会小题大做，他们总是把自己的病情往最坏的方面想，并对可能出现的最坏的结果忧心忡忡。但积极的一面是，他们也更有可能积极地寻求治疗，从而在早期阶段发现疾病（如癌症）。

研究人员在南非的一间急诊室里进行了一项有趣的研究，主题是依恋风格是如何在生病期间影响我们的。其目的是测量患者的依恋风格和医生对患者是否容易沟通的看法之间的联系。在这项研究中，165 名年龄在 15~93 岁之间的被试在接受治疗之前，通过成人依恋测试评估了自己的依恋风格（虽然我很乐于参与这项研究，但如果我在那里，我不确定自己是否愿意花时间进行依恋风格测试）。在治疗结束后，26 名急诊医生被要求评估被试“难以沟通”的程度。结果显示，仅有 2% 的安全型依恋的被试被评定为“难以沟通”，相比之下，焦虑型依恋被试和回避型依恋被试的占比则分别是 17% 和 19%。研究人员注意到，回避型依恋的被试采取了一种“低估痛苦”的沟通方式，这可能会干扰其准确传达有关其医疗信息的能力。而高焦虑型依恋的被试“可能很难安抚，需要过多的接触和关注”。

我记得我父亲即使是在面对癌症时，也从来没有惊慌失措过。我陪他一起看过很多次医生，但我不记得他和医生有过任何“难以沟通”的情况。

事实上，在我父亲接受癌症手术的前一天晚上，主治医生到他的病房探望了他，我姐姐和我也在场。医生解释了手术过程，然后请我父亲在同意书上签字。他的签名看上去和往常一样强劲有力，没有一丝颤抖的痕迹。然后，医生问我父亲还有没有什么问题要问。

在这种时候，回避型依恋的患者可能会坚忍地保持沉默，或者质疑治疗的必要性。而焦虑型依恋的患者则可能会表现出不安和恐惧，让医生感到很有压力。相比之下，我们安全感爆棚的父亲竟然利用这个机会给这位 40 多岁的医生打气，把他招募进了自己乐观进取的“团队”。

“签好了，你看，”父亲一边说着话，一边把同意书交还给主治医生，“希望你明天能做到最好。好吗？我希望你能发挥出最高水平。”

“当然！”医生说。

“不是‘刚刚好’，”穿着病号服的父亲躺在床上强调，“我希望你可以做到最好。”

“当然！”医生笑着又回答了一遍。

“你确定可以做到吗？超常发挥？我不想要一般的效果！”

“我可以做到最好！”医生好像被“带了节奏”，他向我父亲保证道。

第二天早上，当他们送我父亲去手术室时，我俯下身吻了吻他的脸颊。那时他已经住院好几天了，没有刮胡子。我感受到了他的胡茬，我突然陷入了回忆中，那时我还是个孩子，他抱着我回卧室，我们脸挨着脸的那种亲密感让我觉得非常幸福。而现在，我甚至不知道自己能否再见到他，我希望手术能一切顺利。

依恋风格如何影响我们接受照顾和适应角色转换

“欢迎回家！”门卫大声说道，他把公寓楼的前门大开着，方便我姐姐推着坐轮椅的父亲进去。

我父亲在手术后的六周里（三周在医院，三周在康复中心）恢复得很好，但是我不知道他还能活多久。医生也没有开后续治疗癌症的处方，他还有心脏病，手术前的检查显示他有一个主动脉瘤，正如他的心脏病医生所说，这个动脉瘤随时都可能破裂。“他可能会在很短的时间内去世，”医生警告说，“而这其实是一种痛苦较小的死亡方式。”

“爸爸，回家的感觉如何？”当我把他的轮椅推进公寓时，我问道。

“感觉就像是天堂，”他说，“没有任何杂念。”

我问他：“你想过自己还能不能回来吗？”

“没有，”他咳嗽着说，“我从未想过这个问题，我唯一想的就是何时回来。”

他又咳嗽了几声，然后打了个呵欠。

“我今天早上五点半就起床了，”他说，“我吃了一大堆药，真是太多了。”

正常情况下，父亲一天要吃 15 片药，很难想象他在康复中心得吃多少药。

傍晚时分，我们请的护工给他铺好了床，他准备睡觉了。我吻了吻他，再次感受到了他脸颊上硬硬的胡茬，我深深地感恩老天，他终于回家了。

依赖家庭成员或其他照顾者对老年人来说可能是一项挑战。心理学家卡罗尔·马盖（Carol Magai）及其同事写道："一个人在经过几十年的自主生活后，到了晚年要依赖他人，这似乎是一个残酷的结局。"

安全型依恋的老年人能够清楚地意识到自己需要照顾，他们会接受别人的照顾，也相信照顾者的善意和能力。但是回避型依恋的老年人则会否认自己的痛苦，他们声称自己可以独立生活，不太愿意接受别人的照顾。照顾我父亲的一位护工回忆说，她曾经照顾过一位一生都很独立的老年人。"他总是说'我能行！'，他会因需要别人帮助而感到沮丧，他会生气地对着我大吼大叫'别管我，我自己能行！'"她说，"照顾他的人都觉得他这样是在针对自己，并因此感到很不安。"除此之外，焦虑型依恋的人在接受帮助时，可能会由于太急切而对护理产生不好的影响。他们可能会"由于太渴望得到照顾而导致照顾者望而却步、保持距离"，而这反过来又会催生更多的不安感。

我父亲从康复中心回家以后，每天大部分时间都待在家里接受照顾，他似乎既没有否认自己的痛苦，也没有表现出"很需要帮助"的样子，而只是优雅地接受帮助。在这一点上，他似乎再次受益于安全型依恋。但我父亲的情况还涉及另一个依恋问题，那就是不仅有护工帮忙照顾他，我和我的哥哥姐姐也在照顾他。

早在父亲还住在康复中心时，我和哥哥姐姐就已经在很积极地照顾他了。我们每天都去探望他，陪他看医生，帮他买吃的，给他付账单，等等。简言之，我们都成了他的照顾者，在这个过程中，我们和他共同经历了角色的转变——中年人变成了父母的照顾者。研究表明，成年子女如何承担这种责任、父母如何接受照顾，会受到双方依恋风格的影响。"亲子关系的质量可能会影响年迈的父母从子女那里得到的照顾。"研究者如是说。

安全型依恋的成年子女通常会承担起照顾年迈父母的责任，并提前做好准备，以同理心和尽责的态度来对待这项任务。但是，近 50% 的成年子女在童年早期就是非安全型依恋，而这至少部分是由需要照顾的父母造成的，这又该怎么办呢?

回避型依恋的成年子女可能对父母的痛苦不那么敏感，而焦虑型依恋的成年子女则可能不确定自己是否具备照顾能力，或只关注自己的需求，从而逃避责任。然而，研究指出，如果焦虑型依恋的成年子女正在经历压力（例如，抚养孩子、工作困难、离婚），并且仍然将父母作为情感支持的来源，那他或她将有强大的动力来保障父母的幸福，“挺身而出”提供父母所需的照顾。

令人欣慰的是，当成年子女和年迈的父母之间仍然存在未解决的冲突时，父母和子女的角色转换可以提供一个治愈旧创伤的最后机会。我和我父亲就是这样的。

我之前提到过（详见第 1 章和第 2 章）我小时候和父亲的复杂关系。我注意到他是我的主要依恋对象，也是我的照顾者和养育者，但有时他很严厉，甚至令我感到害怕。这给我们的关系造成了一些从未完全消失的裂痕。但在我照顾他的最后几个月里，我们一起度过了很多美好的时光。有时我们一起聊天，有时我们一起阅读，有时我们只是静静地坐在一起。那些裂痕并没有奇迹般地消失，但是我们却可以放下成见，单纯地待在一起。有一天晚上，我梦到自己和父亲坐在一起，我对他说：“我真的很喜欢这段时光。”这是一种直接的情感表达，过去我们不习惯这样，我也不知道自己能否真的对他说出来。所以第二天，在他的公寓里，我坐在他的对面，看着他的眼睛说：“爸爸，我真的很喜欢和你在一起的这段时间！”他用比平时更温和的语气看着我说：“我也是。”

依恋风格如何影响我们应对死亡焦虑

人们如何应对死亡的到来——有时被称为“死亡焦虑”——因依恋风格而异。通常，焦虑型依恋的人会更害怕死亡，他们把死亡看作被遗弃或被遗忘的另一个例子。相反，回避型依恋的人则倾向于克制内心对死亡的担忧。然而，在潜意识层面上，他们可能会因失去控制感而害怕死亡。

另一方面，安全型依恋的人似乎会慢慢地与死亡靠近，他们会接受死亡，并充分利用余下的时光。研究人员米库林切和谢弗写道：

> 即使到了生命的尽头，安全型依恋的人仍然没有失去安全感。他们使用的主要依恋策略（寻求接近他人），增强了他们与社会的联结；死亡的威胁被象征性地转化成了一个有利于他人和个人成长的机会。

简言之，在面对不可避免的死亡时，安全型依恋的人会在人际关系上付出双倍努力。

我看到我父亲就是这么做的。在生命的最后几个月里，他失去了很多人，但也建立了新的良好的关系——和照顾他的护工之间。他了解了他们的家庭情况，把自己的藏书借给他们，并和他们讨论这些书；他为一个想要创业的人提供了建议和帮助，还给另一个人的儿子安排了工作。

尽管我相信父亲是安全型依恋，但是在他身上还是能够看到一种常见于老年人的依恋策略。随着年龄的增长和父母、配偶、兄弟姐妹、亲密的朋友等依恋对象的死亡，老年人一种常见的反应就是将这些已故的人视为象征性的依恋对象。米库林切和谢弗指出：“所有年龄段的人，特别是老年人，都可以依靠象征性的依恋对象来满足依恋需求。”

例如，丧偶的人会经常感受到配偶的象征性存在，并“就重要的人生决定与配偶在心里进行假想式的商量和决定”。因此，内在的依恋对象往往成为老年人社会支持系统的重要组成部分。事实上，许多老年人的“象征性内在依恋对象可能比现实中的依恋对象都要多”。

在这一点上，我父亲也不例外。90 岁的时候，他已经失去了妻子、两个哥哥和很多朋友。他对我说：“队伍越来越弱，我认识的大多数人都死了。”

“我经常想起妈妈。”他说。记得在我们的母亲在世时，他也经常在我们面前称呼她为“妈妈”。

但就一般的死亡焦虑而言，我父亲似乎很平静。

他经常安静地坐着。有一次我问他在想什么，他说主要是想过去的事情：“没有未来了，所以就活在过去。但我对过去也无能为力，因为我改变不了什么，那已经是过去的事情了。”

“你想到了过去的哪些事呢？”

“所有的一切，”他说，“我想起我小时候在学校的时候，我想起和我一起毕生致力于印刷事业的哥哥们，想起我们如何团结一致、如何互相照顾。我没有任何遗憾的事情。我没有任何敌人，也不生任何人的气。我很平静。”

“嗯，你心存感恩之心。”

“是的，这是一种很好的生活方式。”他说。

我的父亲甚至知道他会以何种方式死去。在他去世之后，一位照顾过他的护工告诉我：“我曾经问过你的父亲，‘你想要有人在这里陪你过夜，以免你摔倒或觉得不舒服吗？’但是他拒绝了。他想一个人待着，希望能在晚上一个人死去。他后来正是这样去世的。”

第三部分

我们身边的依恋

第 10 章

工作：依恋风格如何影响打工人的幸福感

欢乐饮品店坐落在华盛顿特区西北部一个高级社区的角落里，你可能会时不时地看到一位像参议员或法官这样的年长顾客，但这里的常客大多是年轻的职场人士。三月的一个阳光明媚的早晨，六位顾客站在柜台前排队等着点咖啡，有些人提着公文包和瑜伽垫。

那天早上，两位年轻的咖啡师七点就到店准备了。他们把昨天晚上倒扣在桌子上的椅子搬下来摆放整齐，打开了一袋哥伦比亚咖啡豆。他们接待了来送咖啡杯盖、纸巾、牛奶、鸡蛋以及迷你面包圈的供应商，启动了意式浓缩咖啡机，为顾客可能会留在人行道上的狗准备了一碗水，并打开电子信用卡读卡器。到了七点半，阳光从东面的窗户照射进来，他们打开音乐，把前门的木制招牌翻到营业的一面。

依恋理论在工作场所的运作很简单：工作是一种涉及关系的活动；

根据工作类型和工作场所的不同，大多数人都会在工作中不断地与同事、经理、客户之间建立关系。鉴于依恋风格会影响人们在一段关系中的行为，研究表明，依恋风格的个体差异会影响工作的许多方面。因此，我们在工作中如何与他人相处、对工作的满意度如何、如何应对工作压力，是会继续干还是辞职——也就是说，我们对职业道路的选择会反映出我们的依恋风格。无论组织的规模如何，依恋的影响都是一样的。

作为一个观察依恋理论如何应用于工作的场所，欢乐饮品店似乎是理想的。这是一个人与人、经理与客户之间紧密合作的场所。此外，该饮品店的创始人和所有者罗杰・霍洛维茨（Roger Horowitz）和布莱恩・斯科拉（Brian Sykora）也慷慨地同意让我进行深入的研究，包括对员工和他们自己。

但直到我在那里待了很长时间之后才发现，欢乐饮品店几乎完美地展现了一个最新发现的商业成功秘诀：那些回避型或焦虑型依恋的员工，不仅能够为团队贡献独特的技能，而且在适当的条件下，他们与安全型依恋的员工一起工作，还能够产生更好的结果。

依恋风格如何影响我们的职业选择

在饮品店的厨房后面有一间小办公室，里面只有几把塑料椅子和一张靠墙的桌子，罗杰和布莱恩就在那里办公。他们两人的坐姿看起来都很别扭，罗杰身高 1 米 9，而布莱恩将近 2 米高，他们都太高了，这里的椅子显然不适合他们。但他们似乎精神都很饱满，身子坐得笔直。他们都穿着拉链运动衫和运动鞋，这让他们看起来更加孩子气。

他们是在北卡罗来纳大学划船时成为朋友的。毕业后，两人都去了华盛顿。有一天，布莱恩给罗杰发了一封电子邮件：“我家附近有几家空店面，我们可以一起做点小生意。”

罗杰在纽约市外的威彻斯特郡长大，他回忆起曾见过的墨西哥人开的卖冰棍、玉米饼和零食的小餐馆。“这些小餐馆大多是由奶奶辈的人经营的，没有年轻的小伙子干这个，”罗杰告诉我，“在华盛顿没有人做这种生意。”

罗杰和布莱恩都没有做餐饮行业的经验，但他们想出了一个好主意：用当地新鲜的食材来吸引年轻和追求健康的消费群体。他们一开始在当地的农贸市场上用手推车出售手工雪糕，并以农贸市场所在的欢乐社区来命名他们刚刚起步的公司——欢乐饮品店。随后，他们大胆地租了一家店面。“我花光了为读研究生攒的所有钱，”罗杰说，“我们在众筹网站上也筹到了一些钱，布莱恩和我还以个人名义贷了 25 万美元。”

这一切仅仅发生在几年以前。在我拜访的时候，欢乐饮品店已经扩大了经营规模，增加了高档咖啡、沙拉和三明治等菜品。他们的年收入达到了上百万美元，雇了十几名员工，最近还在离白宫仅一个街区的地方开了第二家店。三月的一个早晨，他们开始了“疯狂雪糕”活动，店里营造出了一种大学篮球赛的狂热氛围，顾客们把吃过的雪糕棒投进前台的两个盒子之一，来选出他们最喜欢的纯天然手工雪糕，结果发现，草莓姜汁柠檬口味最受欢迎。

坐在这间临时搭建的办公室里，我想知道是什么让罗杰和布莱恩这样的年轻人来到一个陌生的城市，抓住市场机遇，冒着时间和金钱的风险，投身于一个未知的领域的？是什么因素让他们甘于冒险和承担风险呢？

其中一个因素就是依恋风格。

约翰·鲍尔比指出，安全型的依恋风格能够让孩子去探索。对成年人来说，工作可以视为一种探索的形式（或者像一位研究人员所说的那样，工作和探索的功能是类似的）。

在与布莱恩的交谈中，我被他的话深深地打动了，他的话也反映了工作是一种成人式的探索。“我很容易觉得无聊，我想追求自己的兴趣，”他告诉我，“即使不知道以后会怎么样，我们也不清楚欢乐饮品店将去往何方，但是试一试也没什么坏处。”

研究人员指出，依恋安全与职业探索和承诺之间有着密切的联系。在一项纵向研究中，一些在 1 岁时被测量了依恋风格的男性和女性，在 18 岁时又接受了关于他们职业规划的采访。研究人员发现，婴儿期的依恋安全与日后有效探索职业机会的能力之间存在“显著且具有统计学意义”的相关。另一项研究发现，那些更有安全感的青少年做出了与他们能力相符的更现实的职业选择。

相比之下，择业时犹豫不决、困惑，以及“没有充分探索就过早地投身于某项事业”，都与非安全的依恋风格有关。

那么，是安全型依恋让罗杰和布莱恩一起做出如此大胆的决定，创立了欢乐饮品店吗？在我的邀请下，他们两人都在网上做了依恋测试（见附录），并告诉了我最终得分。他们在回避和焦虑方面的得分都非常低，完全处于安全范围。

安全型依恋的管理者会极大提升员工的幸福感

上午 10 点，欢乐饮品店的经理汉娜加入了罗杰和布莱恩举行的每周例会。25 岁的汉娜坐在罗杰和布莱恩对面的椅子上，姿态优美。

他们总结了一些日常问题：一名员工离职了，一名后厨生病请假了，新店的施工延误了，一些顾客抱怨瓶装有机牛奶缺货了。

关于牛奶缺货的问题，汉娜表示负责的员工没有采购足够的牛奶。“但我认为他只是判断失误，”她说，“我今天晚些时候会找他谈谈。”

就在这时，一名员工从厨房冲了进来。

“卫生检查员来了！”他喊道。

一个小时后，罗杰回到了办公室。他们通过了检查，但是检查员发现有台冰箱的制冷效果不好，他们得找技术人员来维修。

还没到中午，罗杰和布莱恩就已经经历了重重压力：警告了一名员工；另一名员工请了病假；第三名员工没有订购足够多的产品；继续推迟新店的施工；还有一次意外的检查——现在，一台关键的设备需要立即进行维修，维修费用很有可能不低。

然而，罗杰和布莱恩都没有惊慌失措或抱怨。在检查期间，他们干了搬箱子的重体力活，并对检查员表现出了尊重和合作。简言之，在员工面前，他们展示出了自信和有能力的管理者形象。用依恋研究人员的话来说，他们扮演了“坚强与智慧并存”的领导者角色，这是一种典型的安全型依恋者的管理技能，可以激发员工自身的“勇气和奉献精神”。

但是，如果罗杰和布莱恩都是非安全型依恋的话，情况会有什么不同呢？研究人员指出，缺乏安全感的管理者，特别是焦虑型依恋的管理者，在压力下可能会贬低他人，从而导致“愤怒、混乱、不诚实和绝望”。这样的罗杰和布莱恩可能会在突击检查时惊慌失措，可能会质疑检查员的能力或动机，或者试图把责任推到后厨身上，而不是迅速冷静地处理问题并回答检查员的问题。罗杰可能会给冰箱制造厂商打电话投诉冰箱的问题，而不是迅速安排维修。更早的时候，当被告知员工没有订购足够的牛奶时，他们可能不会像经理汉娜那样认为这“只是一个判断失误”（汉娜在依恋测试中也获得了较高的安全分数），而是会给这名员工贴上“懒鬼”的标签，并对其进行处罚。我们不是都见过这样的老板吗？

相反，他们并没有这样做，而是冷静地处理问题，这正是我们所期望看到的那种安全型依恋的管理者对商业压力的反应。

不同依恋风格的员工在工作中的表现

我在欢乐饮品店观察了一个月，渐渐认识了很多员工，其中有三名在那里工作多年的全职员工，他们在规划职业道路时都遇到了困难。但来到欢乐饮品店后，他们都变得愉快起来，这份工作对他们的经济和情感都至关重要。他们都能熟练地完成对公司至关重要的任务。

“我是一个容易焦虑的人。”有一个人告诉我，他现在是饮品店的一名咖啡师，他是在丧失了国防承包商安全许可后来到欢乐饮品店的。“大多数时候我都很开心，但我也很脆弱，”他说，“有一段时间，我真想一个人待在房间里，写一些消极的诗。”另一名员工是在结束了一段糟糕的恋情后加入欢乐饮品店的。她告诉我：“我很伤心，我来华盛顿是为了重新开始。”她现在负责促销和公关。最后一位“资深政治家”是一名 33 岁的男子，他拥有法学学位，但发现自己对从事法律工作没有什么兴趣，也不想当老师。“我必须做点什么，否则我会崩溃的。”他告诉我。一次偶然的机会，他遇到了罗杰，一开始罗杰让他在农贸市场卖雪糕，后来他成了一名咖啡师。

我没有让他们做依恋测试，但考虑到他们所面临的职业问题，我觉得这三个人可能都有一种倾向，像我一样，倾向于一种非安全的依恋风格。我了解到，这给公司带来了挑战，但更有趣的是，也带来了机遇。

许多研究表明，安全型依恋的员工在工作中会比非安全型依恋的人表现得更好。他们拥有更积极的态度、更高的工作满意度，不太可能爆发敌意，也不太容易患上身体和心理疾病。

相比之下，那些缺乏安全感的员工往往不够敬业、工作满意度较低、更容易因工作而产生压力和倦怠感。

米库林切和谢弗指出，那些焦虑型依恋的人可能会把工作看作一个被社会接受的额外机会，但也可能是一个不赞成和拒绝的潜在来源。他们更容易感到不被欣赏和误解，并且更有可能对被拒绝感到焦虑。因此，他们会“黏人、需要帮助、恐惧”，并且“经常寻求其他团队成员的认可”，从而给工作团队带来“社会挑战”。总之，焦虑型依恋的员工在工作时可能会过于关注与依恋相关的问题，以至于难以满足工作要求。

另一方面，回避型依恋的人则可能会利用工作“来逃避社会交往”。他们对工作的满意度更低、更关心工作时长，对同事的帮助也更少。通常，他们不经营与同事之间的关系，或者直接回避他们，从而避免在工作中发生冲突。

工作留任是另一个受依恋风格影响的问题。这一点很重要，通常营业额低的公司要比营业额高的公司流动率高，尤其是初创公司。研究表明，无论是焦虑型还是回避型，非安全型依恋的员工都要比安全型依恋的员工更有可能在对工作不满时辞职。例如，2013 年的一项针对不同社会组织的 125 名员工的研究发现，依恋风格与自愿离职的意愿之间存在直接关系。焦虑型依恋的员工可能会在同事之间出现“不正常的互动模式”后考虑辞职；而回避型依恋的员工则可能会“保持冷漠”，但由于对同事的“失望和怨恨”与日俱增，他们最后也会考虑离开。

企业在做出招聘决定时，是否能以某种方式筛选出那些安全型依恋的员工？除了大公司之外，管理测量成人依恋风格的黄金标准——即成人依恋访谈的成本，对所有公司来说都会令人望而却步。或者，它们也可以让求职者参加我让欢乐饮品店的员工们参加的在线依恋测试。

尽管对于一家企业来说，只雇用安全型依恋的员工看似有利，但新的研究表明，即使可以筛选出安全型依恋的员工，这样做也是错误的。这是因为非安全型依恋的员工会给工作团队带来他们独特的优势。

焦虑型依恋的“哨兵”与回避型依恋的“快速反应者”

以色列研究者蔡奇因－道解释说，高焦虑型依恋的人对危险特别敏感，因此可以起到一种早期预警的作用，他将其称为“哨兵”行为。在一项巧妙的研究中，道和同事们安排被试暴露于一个似乎具有威胁性的环境中（一间由于电脑故障而逐渐充满烟雾的房间），那些最焦虑的人最先察觉到了威胁。

此外，在另一项研究中，道也发现“焦虑的哨兵”在传递预警信息方面最勤奋。在这项研究中，他让被试相信自己无意间激活了一种电脑病毒，这种病毒清除了实验者的电脑资料。在他们前往通知电脑技术员的途中，他们面临四个选择，他们可以选择或推迟或直接发出警告或前往电脑技术员的办公室。但是，那些在依恋焦虑上得分最高的人往往不愿意在传达信息途中耽搁时间。而在另一项研究中，道发现焦虑型依恋的人最会打扑克牌，因为他们最擅长发现别的玩家说谎，比如虚张声势。

总而言之，这些研究表明，焦虑型依恋的人可以使工作团队受益，并助其成功。他们通过对问题和威胁保持警惕，并可靠地向整个工作团队发出警告来做到这一点。

与此同时，回避型依恋的员工也扮演着重要的角色。在一项实验中，一台共享电脑引发了一场火灾，回避型依恋的人最先找到了一条安全离开房间的路。回避型依恋的人习惯于自己照顾自己，在遇到危险时，他们会迅速有效地采取行动，找到最佳的逃跑路线——道称之为“快速反应”。换句话说，当需要快速或专注的行动，当时间是一个重要因素或需要无畏的行动时，回避型依恋的人可能行动得最快。

因此，焦虑型依恋的员工（哨兵型）和回避型依恋的员工（快速反应型）都有可能给团队带来价值。但需要注意“有可能”这个关键词，因为研究还表明，只有在一个相互信任、有凝聚力的团队中，非安全型依恋的员工才能发挥出他们的独特技能。

用一位研究人员的话来说，创建一个有凝聚力的团队需要通过回应员工对安全和保护的需求来创建一个“安全岛”。对于焦虑型依恋的员工，管理者要确保他们意识到自己是团队的一员，并被接受和重视。对于回避型依恋的员工，管理者可以给他们分配角色，让他们有更多的时间独立工作。对于这两个群体，管理者还要对冲突保持警惕，并在紧张局势升级之前及时介入解决争端。

在我看来，这些正是欢乐饮品店的三位安全型依恋的管理者——罗杰、布莱恩和汉娜所做的事情。在他们创业的这家饮品店里，他们为重要员工创建了一个真正的“安全岛”。我始终认为：他们在鼓励员工面对与工作和个人相关的挑战时，对年轻员工不稳定的特质表现出了敏感性；而且，在面对员工的错误时，他们不以恶意去揣度他们，也不羞辱任何人。我在深夜的员工会议上看到了这一点，当时所有人都被要求帮忙打扫店铺：罗杰爬上梯子清理灯具，而布莱恩跪下来清洗顾客使用过的厕所。

布莱恩向我解释他的管理方法时说得很好：“罗杰和我可以承担财

务和员工发挥创造性的风险，”他说，“我们为员工们提供了大展身手的机会，而且不必承担财务压力。我们的目标是支持和培养具有聪明才智的人，帮助他们取得成功。当他们这样做的时候，我们也能获得力量。如果我们不这样做，而是抱着‘只有我们才是决策者’的态度，那我们很可能就会倒闭，很多小公司就是这样的。”

真正的证据是在我采访的几周里，这里的员工们自己告诉我的。

一位咖啡师告诉我（他在欢乐饮品店已经工作了两年）：“我是因为这里的企业文化才留下来的。你想啊，我每周要和他们在一起 40 个小时，我有什么问题都可以畅所欲言。我很敏感，我喜欢这种相互信任的感觉。对我来说，已经从‘这只是一份工作’变成了‘这些人都是我的朋友，我和他们都有私交’。”

“我是在分手后来这里的，”另一位咖啡师告诉我，“欢乐饮品店的人纷纷给予我力量，这让我重拾了对生活的信心。从第一天起，我就觉得这里有人肯倾听我的想法和意见。汉娜、布莱恩和罗杰总是乐于接受建议，给予我们做事的空间。”

“这几个哥们儿年纪轻轻就做成了一番事业，”另一位咖啡师羡慕地说着罗杰和布莱恩创立欢乐饮品店的事，“我真的很高兴能成为其中的一分子，另外，我们在工作中很少有什么纠纷，这个特殊的群体非常讨厌起冲突。”

高效的团队应该拥有哪些依恋风格

研究表明，焦虑型依恋和回避型依恋的员工在工作中具有各自独特的作用，这是非常重要的。但雪莉·拉维（Shiri Lavy）及其同事进行的一项开创性研究对这一观点进行了进一步的深化发展。

在以色列的一所大学里，研究人员指派 52 个学生工作小组完成一个学术项目。每个小组有 3~5 名成员，分别属于不同的依恋风格。当工作完成后，研究人员在对结果进行评估时惊讶地发现，最成功的团队并不是拥有最多安全型依恋成员的团队，而是拥有多种依恋风格成员的团队：一些人是安全型依恋，一些人是回避型，还有一些人是焦虑型。

研究人员说这些发现首次证明了不同的依恋风格对工作团队绩效的“重要贡献”，并提供了一个新视角来看待非安全型依恋者的“个人力量和贡献”。“尽管非安全的依恋风格可能会给个人带来不良影响，”他们指出，“但把不同依恋风格的人放在一个团队里就可能会给团队带来好处，能够丰富团队、提升团队。”他们建议，对于那些希望取得更好成绩的管理者来说，“让团队拥有不同的依恋风格被证明是有益的。”

与之前的研究一样，这些结果都要求一个有凝聚力、支持性的环境，让员工感受到“安全、被接受和信任”。

因此，企业成功的关键可能远远不是只雇用安全型依恋的员工，而是创造这样的环境，让不同依恋风格的人都可以茁壮成长，共同创造出卓越的成果。

我相信这就是欢乐饮品店的管理团队所做的事情。从某种意义上说，这家公司本身已经成为员工的依恋对象，为他们提供了一个安全的避风港和安全基地。在这个过程中，正是由于有效、充满安全感的管理，这家公司才得以蓬勃发展。

当时谁也想不到，在这一年结束之前，欢乐饮品店可能会因它的成功而得到一些特别的认可。在一个周末的下午，在没有任何通知的情况下，有一个人不声不响地来喝了一杯饮品，这个人就是时任美国总统的奥巴马。那个星期六是视察小企业的日子，总统参观了当地的几家小企业。奥巴马总统和女儿萨莎、玛丽亚来到了欢乐饮品店，有趣的是，他们没有去白宫附近的那家新店，而是去了老店。

他们穿着牛仔裤和夹克衫，盯着柜台上方手写的菜单。在犹豫了一会儿之后，玛丽亚点了饼干和奶油，萨沙选择了蔓越莓苹果饮料。当奥巴马问哪款饮品最受欢迎时，一名员工提到了草莓姜汁柠檬水。“你可以试试这个，一定不会错的！”他建议道。账单显示是九美元，总统付了现金，又往小费罐里塞了几张钞票。

夜深了，值班的咖啡师打扫了柜台后面，还擦了桌子，并把椅子倒放上去。罗杰推着一个垃圾桶出了前门，走了半个街区，来到一间当地企业共用的垃圾房。这个夜晚很凉爽，街对面，一个红色的霓虹灯广告牌不停地闪烁着，这是一家办理通宵兑现支票业务的公司，是这个时尚的社区升级之前留下的痕迹。

晚上 10 点，罗杰关掉音乐和灯，把门口的木牌翻到“停止营业”的那面。他对所有员工道了晚安，然后回了家。

第 11 章

体育比赛：依恋风格如何使实力较弱的团队逆风翻盘

那个星期天晚上的比赛还有不到一分钟就要开始了。两队的球员都在场上做热身运动，他们把球从二三十英尺外抛向篮筐。这是一群令人印象深刻的年轻人：他们都不到 30 岁，都从事着专业性较强的、跟安全相关的工作。汤米和贾米尔都在美国的重要政府部门工作，托德和戴夫则为当地的军事承包商工作，马歇尔负责国会竞选活动。在七名队员中，四人都持有安全许可证，这意味着他们可以接触到高度机密的资料。

但这一切在这里都毫无意义，在球场上重要的是他们能否跑动、运球、传球、把球投进篮筐。到目前为止，他们大多数人都做不到。

看一下今晚的比赛，他们两胜三负，但其中一胜是因为对手缺赛。

这些球员很友好，他们允许我站在场边观察，还允许我在比赛间隙采访他们，以考察依恋风格对人们运动方式的影响。当我开始了解并支持他们的时候，我发现自己很想在提高比赛水平等方面为他们提供建议：事实上，一些运动心理学家和有远见的教练已经开始使用依恋理论来帮助球队在输球的赛季和赢球的赛季之间做出改变。

但我不是他们的教练——实际上这两支球队都没有教练，我不想冒失地给他们提建议。他们都是比我优秀的运动员，因为我的运动生涯在高中时期就止步了，而且，我还只是个板凳球员。

依恋风格对运动员表现的影响

在体育运动中，运动员们努力实现目标。他们必须承担风险，应对竞技的压力。因此，体育运动可以被视为一种成人形式的探索，在面对竞技体育所带来的挑战时，运动员的表现会受到自身依恋风格和情绪调节能力的影响。此外，体育活动也会涉及关系：运动员与队友和教练的关系是持续的，运动员处理这些关系的方式受其依恋风格的影响，也就是说，会受到他们在幼年时期形成的关系的心理模式的影响。华盛顿大学的心理学家凯莉·福尔斯特（Kelly Forrest）指出，早期的依恋经历可能有助于解释为什么某些运动员在处理竞争压力和取得好成绩两个方面都表现得更加出色。

然而，这种依恋经历对体育成绩的影响的理论实践，直到最近才从学术界延伸到运动场上，而且出于某些原因，在英国应用的要比在其他国家多。毫不奇怪，年轻的教练和运动心理学家正在引领潮流。

埃利奥特·纽维尔（Elliott Newell）就是其中之一，他是总部位于曼彻斯特的英国体育学院的体育和运动科学家。“我用依恋理论来广泛理解运动员如何在人际关系和所处环境中感知信任和安全。”31 岁的纽维尔说，他拥有体育与运动心理学硕士学位。纽维尔和同事们与来自英国皮划艇队开发研究小组的 40 名运动员和 6 名教练合作，通过访谈和“可观察到的行为”来确定运动员的依恋风格。然后，他们制订了针对每个运动员的特定依恋需求的发展计划。

纽维尔还提到，这种基于依恋理论的实践在英国越来越受欢迎，在包括奥运会（夏季和冬季）在内的许多职业体育赛事中都有应用，涉及橄榄球、足球和英国板球等运动。

坚持锻炼

裁判吹响了发令哨。

赛制是三对三：每队三名球员同时上场。我们的中锋乔希一跃而起，抢到了篮板，然后把球传给了托德，托德直接进球得分。

在这之后，局势就急转而下。

汤米本想灌篮，但球根本没进。乔希在篮板下强势反弹，但大部分都没命中。马歇尔抢到了球，但运球过高，被对方球员把球抢走了。三分钟后，汤米下场了，换戴夫上场，托德替换了马歇尔。作为一名技术娴熟的灌篮高手，戴夫一上场就命中了一记长传三分球，但随后把球传给托德的时候，对方球员断球，投篮得分。

到了半场，我们以 31∶39 落后。

很明显，有一个很简单的问题，就是我们一些球员的身体素质不行。他们很容易上气不接下气，而且运球技术很差，传球时不够警惕，打了几分钟就需要休息。

“我觉得我要累死了。”一名球员在谈到第一场比赛时说。这场比赛没有足够的球员，无法频繁地换人。另一名球员在谈到队友时说：

“我了解他，我从未在私下见他做过任何与运动沾边的事，他一点都不锻炼。”

所有人都有繁重的工作日程，还经常出差，所以他们有理由不锻炼，但这也可能与他们自身的依恋风格有关。

一位研究人员观察到，“健康的身体状况始于幼年，不健康的也是如此”，“这是因为个体的依恋风格与维持健康所需的自律之间存在联系”。研究表明，较高的依恋安全性预示着一系列积极的健康行为，包括良好的饮食、牙齿护理、卫生和锻炼习惯。安全型依恋的人更可能认为自己是值得关心的，因而更愿意为自己的健康负责，做出增进健康的行为。

然而，无法保持健康可能不仅仅是动机和自我价值感的问题。对于焦虑型依恋的人来说，还有一个因素可能是剧烈运动引起的身体疼痛。研究表明，焦虑型依恋的人对疼痛的耐受力较弱——他们通常比安全型或回避型依恋的人对疼痛更敏感。因此，焦虑型依恋的成年人可能会厌恶运动。另一方面，回避型依恋的人会倾向于深入进行不需要情感交流的运动，如健身，以此作为一种逃避人际关系的方式，所以我们在健身房看到的一些超级厉害的运动员有可能是回避型依恋者。

不管怎样，团队成员的依恋风格都可能是其锻炼习惯和健康程度的一个指标。

冒险

在那场比赛的前半部分，我不仅看到了几个状态不佳的球员，还看到了几个在场上表现得很胆怯的人。例如，有一个人曾告诉我，他是多么渴望加入球队，但到了赛场上，他却打得过于谨慎。至少有两次，他在传球或投篮前的犹豫导致对方球队抢断了球（那时，他让我想起了年轻时犹豫不决的自己）。在我解说这名球员时，他的队友告诉我："他有点神经质。他害怕投篮，怕投不中的话会尴尬。"

冒险是另一种与依恋有关的行为。英国研究员萨姆·卡尔（Sam Carr）解释说，安全型依恋的人倾向于大胆追求自己的目标，而不会受到可能由失败引发的恐惧感的阻碍，因为无论是成功还是失败，他们都相信依恋对象会支持自己。另一方面，焦虑型依恋的人则不太相信依恋对象会无条件地支持自己，他们倾向于通过回避过多的风险来"自我保护式地"避免失败。

因此，卡尔博士警告说，非安全型依恋的运动员"可能在心理上处于劣势"。

是哪位球员的安全型依恋风格帮助他大胆地冲向篮筐，大胆地传球或是冒险地投篮，又是哪位球员的非安全型依恋风格给他拖了后腿，让他产生了对失败的恐惧呢？

团队凝聚力

那晚比赛的下半场持续了漫长的 20 分钟。托德和戴夫的外线投篮都很精彩，马歇尔在防守上表现得也不错。但我们不是经常出现传球失误，就是错过了投篮机会。与此同时，对方球队进了一球又一球。

比赛还剩最后两分钟时，我们以 36∶59 惨败。我记得当我在高中篮球队时，在这种情况下，我的教练会让我和其他板凳球员都上场，因为反正败局已定，不如让我们都上场练练手。

到了最后一分钟，任何策略都没用了，球队也失去了凝聚力，球员们只是在半场附近投篮。

最后的成绩有点辣眼睛：38∶64。

外面下起了雪，当这些球员收拾好自己的装备走向场外时，突然有人说："我们必须想办法解决问题。"另一个人回应道："是的，我们的问题实在是太多了。"

于是他们就这么做了。如果我是教练的话，我会先和球员们分享依恋理论，然后邀请他们参加依恋测试（见附录），对他们的依恋风格进行评估。我会对评估结果保密，只单独告诉他们每个人，但是这些信息可以帮助我制订如何和他们每个人合作的计划，包括如何获得他们的信任，以及如何解决他们可能和我或队友之间存在的任何关系问题。

我将与那些焦虑型依恋的运动员一起工作，以了解哪些锻炼会引起他们的不适，然后给他们安排一些其他的训练，也许是持续时间更久但不会造成太大疼痛的训练。至于他们在球场上的犹豫，我会和他们一起努力，帮助他们认识到自己的依恋风格可能是真正的根源。我还会时常明确地向他们保证，不管他们在球场上所冒的险有没有达到预期结果，我都看好他们。

体育史上有很多这样的例子：实力一般的球队克服了巨大的困难获胜，而优秀的球队却失败了。2004 年奥运会上的美国男子篮球队经常被人拿来当作例子。这个队伍由很多天才球员组成，体育记者称他们为"梦之队"，但在第一轮比赛中，他们竟败给了波多黎各队。人们普遍认为，这次失败主要是因为缺乏"团队的化学反应"。

现在的研究表明，运动员的依恋风格可能是影响团队的"化学反应"和凝聚力的一个因素。例如，依恋回避可能导致一个人不那么融入团队，难以提振士气。另一方面，依恋焦虑可能会导致一个人从团队中寻求安全感，同时怀疑自己的价值。因此，作为需要在不断变化的环境和巨大的压力下一起度过几个月时间的紧密联系的团队，运动队特别容易受到其成员依恋风格的影响。

在凝聚力方面，我的团队从一开始就面临挑战。这支队伍是由两组同事和朋友组成的：汤米和其他三个人是在工作中认识的；托德和另外两个人是合租室友。只有戴夫同时认识两个阵营的人。“我们基本上是两个独立的小团队。”戴夫告诉我。他们不得不匆匆忙忙地学习如何进行团队合作。“我们大部分队员在第一场比赛开场前五分钟才认识，只一起开了个五分钟的小会。”汤米说。杰米尔说：“我们最大的问题是缺乏化学反应。”

在比赛间隙，球队的组织者马歇尔一直试图组织大家聚一聚，但到目前为止都没能成行，因为大家都太忙了，职业生涯都刚起步，工作时间长，任务也重。挤出时间打一场球赛都很难，更别说聚会了。

没有教练使球队的状况雪上加霜。最后，最强壮的运动员乔希成了这支球队的教练，但此时已过了赛季中期，球队仍处于群龙无首的状态。我觉得，这太糟糕了，因为一个好的教练可以帮助非安全型依恋的球员树立信心，使他们更容易融入团队。或许可以让安全型依恋和非安全型依恋的球员做搭档，以帮助他们互相了解、彼此信任。教练也要时刻关注回避型依恋的球员，因为他们更需要支持，但正如体育运动科学家埃利奥特·纽维尔所写的那样：“寻求支持是很难的。”（教练也可以调整回避型依恋的球员想要单打独斗，一直想当控球手以及成为球场焦点的倾向。）除此之外，教练还应该给予焦虑型依恋的球员额外的保证，肯定他们对球队的价值。最好再多一点鼓励，让他们出去喝两杯。

运动员的依恋对象——教练

2010 年，在美国大学生篮球赛中，一场对战在杜克大学和西弗吉尼亚大学之间展开。在第二节比赛进行到一半的时候，西弗吉尼亚大学的达肖恩·巴特勒（Da’sean Butler）撞上了杜克大学的一名球员。巴特勒的左腿一弯，倒在了地上，疼得死去活来，明显是膝盖受伤了。在电视广播中，播音员说："巴特勒很痛苦。"

很快，西弗吉尼亚大学的主教练鲍勃·赫金斯（Bob Huggins）走上了球场。赫金斯绰号"大熊"，他是仅有的五名职业生涯胜出超过七百场的美国大学甲级篮球赛的教练之一。

在球场上，赫金斯——这个穿着蓝色运动衫的大个子跪在受伤的球员身边。他俯下身去，他的脸离巴特勒的脸很近，几乎要鼻子碰着鼻子了。他用双臂抱着巴特勒的头，抚摸着他的脸颊，直视着他的眼睛，说着一些安慰的话。

"有鲍勃·赫金斯教练在，真的让球队充满了力量。"评论员评论道。

后来，我和美国首屈一指的依恋研究专家、马里兰大学的朱迪·卡西迪博士讨论了这个强有力的时刻。赫金斯教练跪在地板上安慰球员的画面，也给她留下了深刻的印象。

"他怎么知道要这样做呢？"她问道。

我回答说不知道。

"我想他是知道的，"卡西迪博士说，"因为他妈妈也对他这样做过。"所以，用依恋术语来说，为运动员提供舒适安全的避风港，可能是教练自然而然、下意识会做的事情。他所学到的就是：如果有痛苦，就要给予安慰。

如何理解所谓的"常胜教练"，即那些带领一支球队获胜，转战另一支球队后又取得胜利的教练？说实话，这其中有很多因素的影响，比如对这项运动的深入了解，但有一个原因可能是一些像鲍勃·赫金斯这样的教练成了运动员的依恋对象。

在英国的一项研究中，300 多名年轻运动员被要求完成“依恋关系体验测试”，该测试已经过修订，以反映运动员与教练之间的关系。研究人员刘易斯·戴维斯（Louise Davis）和索菲亚·乔维特（Sophia Jowett）发现，实际上，有些运动员和教练之间的交往正好满足了他们的基本依恋需求：“探索和发现运动环境的重要层面”（安全基地）；为了在“有压力的时候”寻求教练的帮助（安全的避风港）；以及“寻求和教练的亲密感”（保持亲近）。

除此之外，挪威的研究人员对一些优秀运动员（他们共获得了 17 枚奥运会奖牌）进行了采访，采访内容主要涉及这些运动员和教练之间的关系。“高质量的教练 – 运动员关系，”他们总结道，“似乎与依恋关系的属性是类似的。”

对我而言，当我思考可能与之有依恋关系的教练时，我想到的只有一个：我九年级时的篮球教练，他会让我在不影响比赛局势的情况下上场练手。

事实上，在加入篮球队之前，我和他就认识了。在参加成人依恋访谈时，当被问及与我有重要关系的“家庭之外的人”时，我也说了他的名字。

他的名字叫作克莱顿·巴德·奥戴尔（Clayton Bud O’Dell），当我得知他将执教我们中学的篮球队时，我就想加入球队，尽管我并不是一个出色的球员。在此之前，他曾是我六年级时的老师，对我产生了巨大的影响。我觉得他能够理解我，能够看到我的潜力，也使我想要做到最好。比如，我听说我们需要用左手运球，但是我做不到，一个大一点的孩子告诉我，如果你用胶带缠住右手，那你就不得不用左手运球了。所以，每天放学回家后，我都用胶带缠住右手，用左手练上好几个小时的运球。尽管我做得并不是很好，但后来我还是加入了球队。

这都是 50 多年前的事情了。

现在，已经 86 岁的巴德早已从教学和篮球教练的工作中退休了，他和妻子杰西住在北卡罗来纳州的夏洛特市附近。我突然很想去看看我的老教练，问他一些我一直很好奇的事情。显然，他一直是我的依恋对象，而我的回应就是尽我所能做好学生的本分，努力在他执教的球队打球。但他是怎么做到的呢？他是如何成为我的依恋对象的？

为了迎接我，他早早地就到了门口，他看起来很虚弱。他得了癌症，接受了化疗和三次手术。他的头发稀疏，也变得灰白，朝前梳着大背头，两只耳朵上都戴着助听器。他看起来没有原来高了。他告诉我他现在只有 1 米 78——“打篮球的时候，我有 1 米 85，我矮了 7 厘米！”

我们热情地握了握手，他的手仍然很有力。

巴德和他妻子把我迎进他们公寓的客厅，室内看起来有些简陋，他在一把长椅上坐了下来。那天很热，但他却穿了两件衬衣，“我经常觉得很冷，因为我服用了血液稀释剂。”

“您还记得我在球队时的样子吗？”我问他，“我不是那种很活跃的球员。”

巴德在回答之前停顿了一下。我记得他以前也总是这样，说话很慢，字斟句酌。

“我记得你对篮球特别感兴趣，”他说，“你也掌握了一些篮球技巧。”

“您太委婉了。”我说，我们两个都笑了。

让我惊讶的是，他竟然说他后悔没有给我更多的上场时间，还说学校想要打造一支优秀的球队。“但是我可以自信地说，我对你们所有球员都一视同仁，”他继续说，“我希望你们每个人都能学会一些技巧：运球、传球、投篮，左右手上篮。”

我打断他：“你真的想要每个人都学会左手运球吗？”

“是的，”他说，然后停顿了一下，“但是，说实话，我尝试用左手运球 20 年了，但是一直不怎么擅长，所以我同情在这方面有困难的人。”

哦，可能在加入球队的过程中，我根本不需要那么担心如何学会左手运球。

然后，我问了巴德教篮球的方法，以及他试图和球员之间建立怎样的关系。

“嗯，我想了解每一名球员，了解他们是谁、能做什么、有什么想法、对什么感兴趣，以及他们的长处是什么……”

巴德准确地描述了 50 年前的我有什么感受——他真正理解我这个人。

“我也想知道，对于你们每个人来说，是否能够接受挑战、如何应对挑战，以及如果应对不当，我可以做什么来帮助你们，因为无论是在教室里，还是在球场上，每天都会有很多挑战。最基本的是要理解每个孩子的需求，并找出帮助他们的方法。这就是我指导教学的基础。”

我的这位老教练没有学过依恋理论，但是他的方法十分明确：深度了解每名球员，给予球员同样的关心，并提供实现目标所需的工具。从本质上说，这些都是培养教练和球员之间依恋关系的关键。这个方法可能是他成为如此成功的教练和老师的因素之一。

主场优势的本质

自从几周前那场灾难性的比赛之后，球员们在赛后取得了一些进步。随着比赛次数的增加，他们已经了解了彼此的优势：谁擅长进攻，谁擅长防守，谁能外线投篮，谁能中路突破等。他们从未在场下聚过。（“球员们一直没办法聚到一起，”其中一个人告诉我，“每个人都忙于工作。”）但是通过在球场上的努力，球队的两个小分队开始配合默契了。

今晚将是本赛季的最后一场比赛，球队还有机会。他们现在的比赛记录是四胜四负，如果今晚的比赛输了，他们将在第一场加时赛中对阵一支顶级球队，很快就会被淘汰出局，但如果今晚获胜，他们只需对阵一支实力较弱的球队，并有机会赢得总决赛。

但是，今晚的对手看起来十分强大。我们在热身时瞥了一眼对手，注意到他们有多高大——比我们队里的任何人都高大。“他们队里有两个身高超过 1 米 92 的人。”戴夫敬畏地说。

当队员们聚在一起制定最后的策略时，裁判已经来到球场上准备开球。那是一个星期天晚上的七点钟，正值隆冬。除了球员、裁判、计时员和我，这个社区中心的体育馆空无一人，没有一个观众。其中一名队员告诉我，他觉得在一个安静、空旷的地方打比赛很奇怪，这里听不到观众的欢呼声，“你只能听到运动鞋在木地板上发出的吱吱声”。

很奇怪的是，从依恋的角度来看，这根本没有帮助。

在一项研究中，50 名 3~12 岁的孩子被要求以最快的速度绕着棒球场跑两圈。一次是父母到现场观看，另一次是父母在手机上看。结果是什么呢？当父母在现场时，五分之四的孩子平均跑快了三秒，被绊倒和摔倒的次数也减少了，但是当父母在手机上看的时候——这本质上是一种忽略，孩子跑得就慢了，而且摔倒的次数也增加了。所以，不管父母是欢呼雀跃地加油，还是安静地看着，关键在于他们需要到现场专心地观看。研究人员布兰迪·斯图皮卡（Brandi Stupica）总结道："当父母是孩子的安全基地时，孩子会成为更有能力的运动员。"

这项研究主要针对的是年幼的运动员和他们的父母，但研究人员认为，在有伴侣的成年运动员身上也可能会产生同样的结果。研究人员山姆·卡尔（Sam Carr）指出，与依恋对象分开可能引发"不利于最佳表现的心理状态"。

难道我们所认为的"主场优势"，至少在某种程度上，是因为有所爱的人在场并给予关注吗？

不幸的是，教练和球队经理经常会犯这样的错误：禁止球员在比赛时和配偶、爱人和其他家庭成员接触，认为这样会分散他们的注意力。例如，据报道，在 2010 年世界杯期间，英格兰教练禁止球员在备赛期间和正式比赛时接触自己的妻子或女朋友。从依恋理论的角度来说，这种策略会适得其反。那些了解依恋理论的教练会鼓励球员的配偶、爱人和其他依恋对象出席比赛，并确保他们放下手机、电子阅读器和其他可能会分散注意力的设备，专注于比赛。

碰巧的是，在最后一场常规赛的晚上，一名球员的爱人出现了——是托德的女朋友麦琪。我和她一起坐在场边，等待裁判吹响开场的哨声。

不同依恋风格的运动员会如何应对受伤与高压

在开场跳投时，乔希把球传给了托米，托米又传给了戴夫，戴夫在罚球线以外投篮得分。但是没过多久，对方也进球了。在半场的时候，我们在激烈的比赛中取得了最好的成绩，并以 21∶19 的比分领先。这意味着整个赛季将在 20 分钟后结束，尽管我只是一名观众，但也感受到了强烈的焦虑，我很难想象场上的球员是如何应对压力的。

下半场，在比赛还剩六分钟的时候，比分是 30∶26，我们扩大了领先优势。

但随后我们队的球员们一路传球，却总是投篮失误，而另一队的“巨人”们的投篮命中率却越来越高了。当比赛还剩下两分钟时，我们被反超了，比分变成了 34∶35。这时，托德跑向托米，也许是因为感受到了女朋友殷切的期盼，他迸发出了一股力量——抢断了一个比他块头大得多的球员的篮板。半分钟后，他干净利落地回弹，直直地穿过中路，上篮命中，然后他就被推倒在地。

托德一动不动地躺在那里，他的女朋友跳了起来，想看清楚他是不是安然无恙。

裁判暂停了比赛，球员们都跑向托德，围在他身边，看他能不能站起来。

通常来说，安全型依恋的运动员更能妥善地处理伤病，重回赛场，而焦虑型依恋的运动员可能只关心自己的伤病，回避型的运动员可能会否认受伤，从而加重伤病。这是因为相对而言，安全型依恋的运动员往往更相信称职的医护人员是值得信赖并能提供帮助的，他们也倾向于对痊愈持乐观的态度。而非安全型依恋的运动员对疼痛的反应可能会更焦虑，因为他们不相信伤势并不重，也不相信医护人员有能力治愈他们，他们甚至还会小题大做（例如，认为“这太可怕了，永远都好不了了”），就像我们所注意到的那样，他们实际上会经历更剧烈的疼痛感。

一名成为依恋对象的教练可以在运动员受伤时安慰他们，就像鲍勃·赫金斯所做的那样，他甚至可以根据运动员的依恋风格进一步调整自己的反应。如果受伤的运动员是安全型依恋，那他可能会让其坚持一下，鼓励他重回赛场；如果运动员是回避型依恋，那他可能会让其他球员和受伤的运动员保持距离，与他进行一对一的谈话，让他学会自我调节并培养对疼痛的耐受力；如果运动员是焦虑型依恋，那教练会让队医直接向其保证伤势并不严重，并鼓励其他队员过来安慰他，表达他们的关心和支持。

幸运的是，那天晚上托德并没有受伤，他动了动腿，站了起来。

在比赛还剩不到一分钟的时候，我们队落后一分。对方身材高大的球员控住了球，在队友之间来回传球，不让我们有得分的机会。比赛还剩 30 秒了，马歇尔故意撞向对方球员，因犯规而被罚下场。对方队员的罚球进了，使我们在比赛只剩下几秒钟时仍落后 2 分。

戴夫身高 1 米 72，是我们队里最矮的球员，但也是最厉害的投篮手，他代替马歇尔出战。

现在我们的队伍是最强的：乔希、托德和戴夫。

只要能在最后几秒钟拿到球，我们就有可能在终场哨响起前拿下最后一球。

这是关键时刻，他不能“哑火”。

为什么有些运动员在压力下会容易“哑火”？研究人员凯莉·福尔斯特指出，在压力增加的情况下，不同依恋风格的运动员可能会表现出不同程度的“注意力中断”。

安全型依恋的运动员在压力之下通常更能专注于手头的任务，即使压力很大，但焦虑型依恋的运动员则倾向于关注自己的内心，回避型依恋的运动员倾向于关注外部环境和自己的利益，而不是团队的利益。在这些情况下，他们会分散注意力，从而无法发挥出自己的正常水平。福尔斯特认为，这些倾向可能是一些运动员“哑火”的原因。

在我们球队目前的状况下，熟悉依恋理论的教练可能会喊暂停，并安排比赛的最后阶段，这时安全型依恋的球员将被传球完成最后的投射。这听起来可能有些不公平，因为每个球员都能为球队做贡献，但为了提高赢球的概率，一个安全型依恋的球员——从依恋理论的角度来看——应该掷出关键一击。

这就是团队需要做的事情。

戴夫投了最后一球。

戴夫是团队的连接器，他是唯一一个在组队之前就认识两组朋友和同事的人。他重视这些关系，但并不认为这些关系是理所当然的。“你必须学会信任你的队友，”他告诉我，“友谊第一，比赛第二。”戴夫对待生活的态度也很积极，他和妻子丽贝卡在大学一年级时相识，现在已经结婚两年了。他说：“我把个人生活和社会交往看得比任何一场比赛都重要。这个联赛很有趣，但只是一项活动，我已经赢了更重要的比赛。”

戴夫是安全型依恋吗？我不能确定，因为我没有给他和其他球员进行过亲密关系测试。但根据我的观察和采访，直觉告诉我，他肯定是。

托德把球传给了戴夫，当时戴夫正站在半场线上。我们落后两分，这将是比赛的最后一球。

戴夫后来反复讲道："我把球传给乔希，以为他要投最后一球，但是防守我的人走开了，乔希又把球重新传给了我。我离三分线只有几步远。我知道我必须投篮。这是生死局，不是尝试性的投篮，这个球关乎最终的输赢。我没有时间思考，只能机械地投球。"

戴夫全神贯注地投了一球。

当终场的时钟敲响，蜂鸣器响了，球穿过了篮网。

随后，这些球员一起走出了社区中心。

托德说："那些家伙很高大，但不灵活。"

马歇尔说："今晚我们打得像一个真正的团队，我想我们都学会了如何进行团队合作。"

他们依然穿着运动鞋和短裤，走进了黑暗的街道，兴奋地回顾着刚才的比赛，并为加时赛制定策略。

第 12 章

政治领袖：依恋风格如何影响政治家的领导力与民意

当我采访迈克尔·杜卡基斯[①]（Michael Dukakis）时，发现当选和落选总统的区别十分明显。在东北大学政治系的九楼，杜卡基斯那间朴素的办公室的门开着，但这里甚至都不像是个办公室，这位拥有 4200 万选票的男士正穿着衬衫坐在他的办公桌前。

除了头发几乎全变白了，82 岁的杜卡基斯看起来并没有那么老态，他看上去还是那个参加民主党全国代表大会时，听到尼尔·戴蒙德[②]（Neil Diamond）的《来到美国》(*Coming to America*，这首歌提示

① 迈克尔·杜卡基斯（1933— ），美国政治家，美国民主党成员，曾任马萨诸塞州州长，1988 年美国总统大选民主党总统候选人，但不幸负于乔治·布什。——译者注

② 美国著名流行歌手和创作人。——译者注

了他的希腊移民血统）时激动万分的人。他没有按照惯例从后台进入会场，而是从欢呼的代表中走来。

然而，在竞选中，杜卡基斯未能对共和党总统候选人老布什的攻击做出足够迅速的反应。在一场全国电视辩论中，他回答了一个针对他妻子的挑衅性问题——“如果凯蒂被强奸和谋杀了，你还会反对死刑吗？”他不掺杂任何感情地重复了自己反对死刑的立场。评论员认为这是导致他竞选失败的原因之一。

但这究竟只是一次当众失态，还是他个性和依恋风格的某种表现呢？在安排那天的会面时，我告知对方自己想要对杜卡基斯进行成人依恋访谈。据我所知，这是第一次评估一名政治领袖的依恋风格，也让我开启了一段关于政客的依恋发现之旅——它对美国人民的幸福感有着重要的影响。

依恋如何影响领导力

依恋研究人员偶尔会推测美国总统的依恋风格。不过，这有点像办公室游戏，因为无论职位高低，唯一可靠的评估成年人依恋风格的方式只能是亲密关系体验测试或成人依恋访谈。但至少据我所知，没有哪任美国总统的依恋风格是通过这些方式来测量的，一般情况下，研究人员只能根据已知的他们的个人经历、公开声明和行为来进行推测。

我们确实是在推测，因为越了解依恋对成年人行为的影响，我们就越能理解领导者的依恋风格对其领导力和领导风格的显著影响。此外，领导者的依恋风格也可能会影响本国公民的幸福感。这是因为一旦掌权，他们通常要履行一个依恋对象的职能：保护民众不受外来侵害（安全的避风港）；稳定经济形势，维护社会秩序，确保民众安居乐业（安全基地）；通过出现在电视、社交媒体上，让民众安心（保持亲近）。如果我们突然失去了他们，比如他们得病或者被暗杀了，与对其他依恋关系的反应一样，我们也会经历丧失的痛苦。

安全型依恋的领导者可以利用依恋关系，自信而熟练地承担起研究人员所说的“更强、更明智”的照顾者角色，鼓励公民的自主性和创造性、支持他们的梦想，以迎接新的挑战。研究人员菲利普·谢弗和马里奥·米库林切指出，安全型依恋的领导者有成为“变革型领导者”的潜力，也就是说，他或她可以创造条件，为本国公民注入“勇气、希望和奉献精神”。但通常只有具备积极自我意识和他人意识的安全型依恋的领导者才能做到这一点。“安全型依恋的领袖能够很好地提升民众的安全感，而非安全型依恋的人则可能难以满足追随者对于避风港和安全基地的需求”。心理学教授蒂芙尼·凯勒–汉斯布鲁（Tiffany Keller- Hansbrough）也同意这种观点：“变革型领导者往往具有一种安全的内部依恋工作模式。”

在现代美国总统中，似乎只有富兰克林·罗斯福是安全型依恋，并显示出了变革型领导者的魅力。在经济大萧条和第二次世界大战期间，他通过“炉边谈话”鼓励民众不要屈服于“恐惧本身”；他是一位强有力的保护性领导者，帮助民众在极度困难和不安全时期感到安全，并挖掘出他们蕴含的内在力量。在听到他去世的消息后，数百万人流下了眼泪（他们后来听到约翰·肯尼迪遇刺的消息后也是如此）。近些年，美国共和党派的唐纳德·里根可以称得上变革型领导者。他凭借“美国又来到晨曦”的乐观论调和高效的沟通方式，推广了实用性的保守主义（即里根革命），同时恢复了美国民众对总统的信心。

但是那些非安全型依恋的领导者呢？研究人员表示，他们仍然可以成为高效的管理者，但可能无法带来变革。缺乏安全感的依恋风格可能会促使他们寻求权力，但在某些情况下，也可能会让他们误入歧途。

例如，谢弗和米库林切指出，回避型依恋的领导者可能会把领导力视为一个强化自己“强硬和独立”形象的机会。然而，他们“对亲密和相互依赖缺乏舒适感”，可能会让他们无法理解追随者的需求和关注点。理查德·尼克松就是一个典型例子。这位总统不善社交，对他人（甚至是支持者和自己的员工）普遍不信任，这可能都证实了他是回避型依恋。在卸任总统之后，当尼克松即将乘坐直升机离开白宫时，他在告别演讲中说道：“我母亲是一位圣人。”实际上，尼克松的传记作者埃文·托马斯（Evan Thomas）指出，尼克松小时候很害怕他的母亲。如果一个人能够承认父母的不完美，承认父母有时可能会虐待自己，但同时接受他们的不完美，无论如何都爱他们，这就是安全型依恋的证据。相反，回避型依恋的人经常宣称他们的父母是完美的（“圣人”），并坚称自己完全爱他们——所有这些都是对明显虐待的否认。研究人员说，尽管不够确凿，但对父母形象的理想化就是回避型依恋的一种证明。

另一方面，谢弗和米库林切指出，焦虑型依恋的领导者寻求职位“是为了满足未被满足的关注和亲近需求，而不是为了满足追随者的需求和促进他们的健康发展”。一旦上台，他们就可能会表现出一种“自我专注”的心态，专注于未得到满足的依恋需求，这可能会“消耗其精神资源”，使其无法履行宣誓后的职责。比尔·克林顿就是一个例子。研究人员注意到（当然也是猜测），克林顿明显需要关注和取悦支持者，而且他“无法忽视一名白宫实习生的石榴裙”，这最终导致他被弹劾。

尼克松和克林顿都是十分聪明和有才华的政治家。如果他们能意识到自己的依恋风格，就可能会调整自己的工作表现。实际上，所有的政治领导人都可能从依恋理论中受益。比如，如果尼克松明白，他感受到的来自政治对手的威胁和工作伙伴的不信任可能源于他自身的回避型依恋，或许他就会拒绝批准非法行为，从而不必辞职。如果克林顿知道他对那位年轻实习生的亲近需要，在某种程度上源于他的焦虑型依恋，或许就可以更好地抵制诱惑。

依恋风格如何影响选民投票给谁

作为公民，依恋风格会影响我们的政治倾向以及我们投票给谁。比如，安全型依恋和中立的信念之间似乎存在某种相关性。研究人员克里斯多夫·韦伯（Christopher Weber）和克里斯多夫·费德里科（Christopher Federico）指出，安全型依恋的特征是“自信、同情和信任”，从而使人们普遍认为世界是一个“安全、和谐的地方”，到处都是善良的人。因此，安全型依恋的选民倾向于容忍模棱两可，而不愿接受僵化的教条主义。根据依恋专家马里奥·米库林切的说法，安全型依恋会产生“更温和、更灵活、更现实的政治观点”。

另一方面，非安全型依恋则会促使选民选择更极端的意识形态，无论是左派还是右派。美国联合大学心理学教授约书亚·哈尔（Joshua Har）解释说：“不确定性会让非安全型依恋的人变得更糟，因为形形色色的极端主义意识形态容易使人对世界产生一种‘强大而准确’的观念，从而吸引那些没有安全感的人。”当然，有时确实会存在令人不安的理由，比如经济衰退或恐怖主义的威胁，但我们在此讨论的只是一种倾向于极端主义思想的普遍态度。

韦伯和费德里科指出，那些回避型依恋的选民往往不信任他人、崇尚自强自立，他们可能会被右翼保守主义所吸引，无论是在经济方面（世界是一个“冷漠、竞争的丛林”），还是在军事政策方面（“我们只能依靠自己的力量”）。焦虑型依恋的选民倾向于在这个“充满威胁”

的世界里寻求安全，他们可能会拥护一种极“左”的自由主义观念，主张对财富和政治权力的再分配，并积极要求“包容”和保护，希望政府能照顾到每位公民的福祉。但这并不绝对，回避型依恋的选民也可能选择极左主义，焦虑型依恋的选民也可能选择右翼保守主义——无论如何，他们都会被其所选带来的安全感所吸引。

尤其是焦虑型依恋的选民，可能会把自己未得到满足的依恋需求投射到支持的领导者身上。这其中还有一个担忧：研究表明，焦虑型依恋的选民可能会由于太想要一个强大、体贴的领导者，以至于无法区分出变革型领导者（一个保护型、鼓励民众并为其赋权的领导者）和不具备这些品质的人。

在一项研究中，心理学家蒂芙尼·凯勒－汉斯布鲁给被试播放了两段政治演讲的视频片段：一段是迈克尔·杜卡基斯接受民主党总统候选人提名时的演讲，另一段是杰西·杰克逊[①]（Jesse Jackson）参加同一场大会时的演讲。这两段演讲都曾被评价为体现了变革型领导者的品质（例如，“可以引起追随者在情感和价值观上的共鸣，强调集体主义等”），但事实上，杰克逊的演讲确实体现了以上品质，而杜卡基斯的演讲却有所缺乏，更倾向于实用主义。

结果如何呢？尽管焦虑型依恋的被试认为杜卡基斯的演讲具有变革性，但是用客观标准来衡量却并非如此。汉斯布鲁提醒说，危险就在于焦虑型依恋的选民可能十分渴望一个强大的、保护型的领导者，以至于混淆了真正具有变革能力的领导者和仅仅具有个人魅力的人。这一点应该引起关注，因为它表明那些具有极左或极右极端主义思想

① 美国著名的黑人运动领袖。1984 年和 1988 年两度进入民主党初选，成为第一个竞选总统的黑人；1988 年得票数有 670 万张。票数仅次于马萨诸塞州州长迈克尔·杜卡基斯。——译者注

的选民可能会把一个不起眼甚至危险的政客误认为变革型领导者，从而盲目追随一个可能成为煽动者的人。

对最佳州长迈克尔·杜卡基斯进行成人依恋访谈

“是彼得吗？请进。”

这位曾连任三届马萨诸塞州州长，并被美国其他州长选为最佳州长的男士站起身来，向我打招呼。我注意到他走路时有点驼背。我很钦佩迈克尔·杜卡基斯，还曾给他投过票，我很感激他能抽出时间见我。

“很高兴见到您，州长。感谢您的接见。”

“我刚写完一封电子邮件。”他一边说着，一边在桌子后面坐下来，转向身后的一台台式电脑。“没关系，”他说，然后转过身来面对着我，“我等会儿再发送。”

这时，电话铃响了，他转过身去接电话。

“你好，有事吗？说吧，他做不了什么？好吧。”

我还记得他那低沉的声音和简短、迅速的对话。

当我小声提出先出去时，他示意我留下。

这是一间很普通的办公室，和我想象中的大学教授的办公室一样，但凭借我对杜卡基斯的了解，我知道他不介意这种简朴的风格。他和妻子凯蒂在布鲁克林的房子同样很朴素，他们在那里住了 50 多年。担任州长期间，他每天乘电车上下班，而且没有安保人员。“这不是作秀，”他说，“我从五岁起就一直坐电车。就算我开一辆凯迪拉克，再带 20 名州警保护我又如何呢？”窗台上放着凯蒂和他的七个孙子孙女的照片。

他继续接电话："她……她收到回复了，约翰。好吧，好吧。我们会处理好的。是的，好吧，我们会这样做的。"

通话结束后，他转过身来看着我。

"不好意思，您继续说。"他说。

我简单地解释了我对依恋理论的兴趣，并告诉他在我们谈话的部分内容中，我会问他一些问题，这些问题与我正在写的一本书中的成人依恋访谈有关。

他回答说没问题。

我之前已经了解到，成人依恋访谈的目的不是揭露受访者的真实经历；相反，它是通过要求受访者描述早期（特别是在其经历分离、疾病和丧失的时期）与主要照顾者的关系来激活依恋系统，然后看其能否对童年经历进行可信的、内在一致的叙述。在讨论依恋关系时，提出这些问题是为了"让潜意识大吃一惊"，从而揭示受访者的心理状态。

人们可以通过参加由开发成人依恋访谈的研究人员提供的培训课程，来获得进行成人依恋访谈的资格认证。我没有上过那些课程，因此没有获得资格证书。但是作为一名记者和作家，我拥有几十年的采访经验。如前所述（见第 2 章），有资格证书的毛里・科蒂纳医生对我进行了成人依恋访谈。在描写那段经历时，我仔细研究了成人依恋访谈的结构。换句话说，尽管我没有接受过正式培训和资格认证，但当我到达杜卡基斯州长的办公室时，我对访谈的目的、结构和内容都已经非常熟悉了。

即便如此，当我坐在杜卡基斯面前，想到要对这位如此杰出的人物提一些私人问题，我还是感到有些紧张。但我向他保证不会给他添麻烦，而且为了避免出错，我提出文章发表前会让他审阅。

“这些都是有记录的，不用担心，”他说，“我不在意这些的，你也不必那样做。”

经他允许，我检查了一下放在桌上的录音机，然后开始录音。

“好的，”我说，“那么，我们从介绍你的家庭开始吧：你住在哪里，有哪些家庭成员，你小时候经常搬家吗，你父母是做什么的？”

“我父母都是移民。”他开始说，他父亲一开始在工厂和餐馆里工作，还要上夜校。“我父亲刚到这里的时候，一句英语都不会说，”他说，“他口袋里一分钱都没有，但 12 年之后，他从哈佛医学院毕业了。我不知道他是如何做到的。”

我问了他和父母早期的关系。“请尽量回忆一下，你会怎么描述这种关系呢？”

“我是一个非常活泼开朗的孩子，”他开始说，“我热爱学校生活，每学期我都会积极参加体育比赛。说不好是为什么，但我在学校过得很好。我记得有一次，彼得，在我大概十二三岁的时候，只是因为一场舞会，我就说过‘我希望可以永远生活在此时此刻’之类的话。”

我想他并没有正面回答关于他和父母关系的问题，但是根据成人依恋访谈的操作指南，我不能纠正受访者，而是要继续问问题。

无论如何，前两个问题都只是热身。下一个关于“五个形容词”的问题才是核心。

“回想一下你的母亲，”我说，“你能用五个形容词来描述你小时候和母亲的关系吗？”

“首先肯定是‘爱’，”他开始说，“还有‘训诫’。父母给我们设定了很高的标准，希望我们在学校表现良好。杜卡基斯家的孩子总是被要求干活，没有人割草，我们就得割草，还要铲雪。”

他停顿了一下，说出了第三个形容词：“支持”。

然后又停顿了许久。

正如操作指南所建议的那样，我安慰道：“想出这些形容词并不是那么容易。”

“我找不到合适的词来形容这种情况，”他说，“我的意思是说，我小时候的种族意识很强烈。我不想太强调这一点。但是我们成长于一个希腊家庭，至少当我的外祖母在场时，我们会说希腊语。但我们与大多数希腊家庭又不一样，因为我父母受过一定程度的教育，这在当时的希腊家庭中是非常罕见的。所以，你知道，我从五岁起一直到十三岁都就读于宗教学校，但我不会称之为宗教氛围。”

“到目前为止，”我把他拉回到这个问题上，“您已经说了三个词：‘爱’‘训诫’和‘支持’。”

“第四个是‘教育’。”他说。

他说实在想不出第五个形容词了，于是我们继续问题的第二部分：提供具体的事例或场景来说明所选的形容词。

“你用来描述和母亲关系的第一个形容词是‘爱’，你能否举例说明呢？”

20 秒过去了。

“让我好好想想。”他说。

“没事的，慢慢来。”我回答道。

“我还真是理不出来一两个独立的事件，这真的有点难。”

“有没有一些记忆或图像在你的脑海中，显示你的母亲是如何爱你的？”我提示道。

又过去了 10 秒钟。

“我必须思考一下。我感受更深的是我的成长环境，但我不记得有什么特别的、具体的事情。”

“好的，”我继续说道，“你提到的第二个形容词是‘训诫’，那你能想起来一个母亲管教你的具体事例吗？”

这时，电话铃又响了，他转过身去接电话。

“你好。是的，他是工作小组的成员。我告诉他了，你不用担心。好的。那些工人呢，他们来了吗？如果可以的话，我希望他们都来。好的，好的。谢谢。”

挂掉电话，他又转了回来。

“我们刚刚谈到哪了？”他问道。

我提醒他说，我们刚才正在谈论他与母亲的关系，并寻找一段具体的记忆来说明他母亲是如何“训诫”他的。

“她偶尔会打我们，”他指的是他自己和大他四岁的哥哥泰罗，“我们俩总是相爱相杀，经常会吵架，但还是很爱对方的，这也不奇怪吧。但有一天，母亲对我们非常生气，还不让我们系着皮带去上学，因为我们偶尔会解下皮带打架——这有点尴尬，我们不得不提着裤子，你懂的。”

随后，我让杜卡基斯用五个形容词形容他与父亲的关系，他说，可能跟他形容母亲的一样，只是“不那么强烈”。这是因为他母亲基本上是个全职主妇，而他父亲每周工作七天，所以很少有时间陪他。

“所以，当你用‘爱’来形容你父亲时，”我问道，“你脑海里有没有一些特别的记忆能说明这一点？”

“我想不出来，”他说，“就是一种持续的、非常温暖的、相互支持的关系。”

对于其他的形容词，他也提供不了支撑的事例。

访谈继续进行。

“你还记得你第一次和父母分开时的情景吗？”

他终于记得了：11 岁的时候，他参加了去新罕布什尔的露营。

“我很想家，但又不好意思说，”他说，“但是我真的很想参加露营。那里有很多运动项目，我还在学游泳，可是我真的很想家。那种感觉太奇怪了。我甚至无法理解在我身上发生了什么。我偷偷地哭得很厉害，这是我做过的最糟糕的事了。从个人角度来看，你可以想象这多么令人抓狂，因为我无法理解为什么这一切会发生在我身上。”

“你的父母有没有用任何方式威胁过你呢？”我问道，接着引出另一个问题，“是为了管教你，还只是开玩笑呢？”

作为回应，他讲了一个关于他父亲的故事。每周日下午，他父亲都会暂时放下工作，抽时间回家吃顿饭、打个盹。但有一次，那时迈克尔只有十来岁，他和泰罗在客厅里踢足球，吵醒了他们的父亲。“你知道吗？老兄，我父亲非常生气，”杜卡基斯说道，“他下楼，从壁炉里抓起一根拨火棍就冲了过来。我逃进浴室，把自己反锁在里面，省得他打我。”说到这儿，杜卡基斯笑了。

进行成人依恋访谈的一个重要挑战就是采访者不能做任何评论。在我参加测试时，我就发现这是一件很“难过”的事，我一直在讲述自己童年时期的痛苦回忆，而科蒂纳医生却只是静静地听着。现在，从杜卡基斯那里听到这样的故事，而我却不能表示同情，我也感到很难过。

“所以，回忆过去，”我继续问道，“你觉得童年经历对你成年后的性格有什么影响呢？”

“我不清楚，”他说，“我真的说不好，除了我是一个非常乐观的孩子，喜欢自己做的事情外，我真的没有过多地思考这个问题。”

“其他对你的成长很重要的成年人呢？”之前，他提到了他的祖母奥林匹亚，他们在一起生活，杜卡基斯叫她“伊亚”。

“我们的关系很好，”他说，“星期天吃晚饭的时候，我会搀扶着祖母走到餐厅，那时我大约六岁。”

来年，她就去世了。

“嗯，你还能想起些什么吗？”

“她的棺材停放在客厅里。”他说，人们来悼念她。

“后来呢？”

“我不记得了，”他说，“我的意思是，我肯定很难过，但除此之外，我什么都不记得了。你知道吗，我的伊亚去世了。一个只有七岁的孩子该如何面对死亡？我是说，这种事总会发生的。我很悲伤，但我觉得也只能接受，并继续生活下去。”

杜卡基斯的哥哥泰罗在上大学时，患上了一种严重的精神疾病，被送进医院治疗。杜卡基斯说：“这是我们家第一次遇到这样的事情。”杜卡基斯 39 岁那年，泰罗死于一场车祸。

“我天生就是个乐观主义者，彼得，”他说，“遇到什么问题我都不怕，因为总会有解决办法的。我的哥哥看起来很好，在学校表现得很好，运动能力也很强，但他突然就崩溃了，这让人很难接受。现在，我们对精神疾病的生物学基础有了更多的了解，他的情况很典型，虽然我们见到过很多类似的案例，但他毕竟是我哥哥。”

在采访快要结束时，杜卡基斯提到了与他相濡以沫 52 年的妻子凯蒂是如何与抑郁症和失忆症做斗争的。根据我之前看到的新闻报道，杜卡基斯很爱她，也很关心她。“感谢电休克疗法，她现在感觉很好，”他说，“我对天发誓，彼得。如果没有这种治疗方法，她活不到今天。我和凯蒂每天都在帮助别人，我会把她介绍给大家，说她是全美国最美丽的医疗保险受益者。但是，你要知道，我们曾经历了一段痛苦的岁月，我的意思是，一个不寻常的人生阶段。”

不久之后，我把采访的文字记录发给了心理治疗师肖沙娜・林格尔，她已经编码了数百人的访谈记录，也包括我。几周之后，她把杜卡基斯的访谈结果发给了我，还有她对他一些回答的分析。

关于五个形容词的问题：“很难找到反映这些形容词的记忆或经历，尤其是关于‘爱’。”还有，“强调学业成就，而不是情感支持。”

关于“训诫”：“即使觉得严厉和受到羞辱，也赞同母亲的训诫方式。”

关于夏令营里的想家：“即使是在很多年以后，虽然承认想念父母，但也仍然无法理解和接受这一点。”

关于父亲的训斥和责罚：“承认一些不良经历和父亲的脾气，但会拿这些事开玩笑，将其影响最小化。”

关于祖母在家中离世：“对经历的概括性描述，冷漠而客观。”

关于他哥哥的精神疾病：“谈论了哥哥犯病的过程，但没有讨论这件事对自己的影响，他进行了推理，但基本没有涉及个人感受。”

总结：“杜卡基斯的某些个人特质贯穿了整个访谈过程，包括由于记忆模糊和感情淡薄的抽象化回答；自我被描述为强大、独立的，如果觉得受到伤害，便会有意识地将其最小化。他很少表达自己的感受、需要或对他人的依赖，这实际上是对这些情感的否定；他还尽量不谈和淡化负面经历，强调体育运动、学业和事业的成功，而不是情感的亲密。”

她的结论：回避型依恋。

这么说，我最欣赏的美国政治领袖之一、我曾热切地投票支持过的人，居然是非安全的回避型依恋？

起初，这让我怀疑成人依恋访谈本身是否有效。会不会是因为作为访谈者，我不是专业的心理治疗师，对访谈结果产生了影响？但林格尔医生说：“尽管这么怀疑也很合理，但杜卡基斯似乎也很真诚地回答了这些问题，而且许多访谈都不是在心理治疗师的指导下进行的，而是由研究人员独立完成的。”

那成人依恋访谈是否带有文化偏见呢？杜卡基斯已经80多岁了，在他成长的那个时代，家庭成员（尤其是移民家庭）之间很少表露情感，而总是强调努力工作和取得成就。那成人依恋访谈有没有因为他在情感上不够开放，而得出了不太乐观的结论呢？在社会中，我们常常崇拜像约翰·韦恩①（John Wayne）这样沉默、坚忍的人。林格尔医生回复说可能存在文化偏见，但是她编码了很多与杜卡基斯年纪相仿、文化背景相似的人的访谈，发现他们“更开放、更容易表露情感”。

---

① 美国电影演员。他在银幕上所表现的质朴敦厚与刚毅不屈成为美国精神的代表。曾以电影《大地惊雷》获得奥斯卡最佳男主角金像奖。——译者注

鉴于林格尔医生的评估，我不得不从新的角度来审视杜卡基斯的政治生涯。如果这次编码是正确的，也许说明正是回避型依恋给予了他动力和自立，促使他成为一名成功的领导者的。但是，回避型依恋也可能是导致他作为美国总统候选人发表提名演讲时缺乏激情，以至于成为“非变革性”言论的典型的原因。这也可能是导致他在电视辩论中以一份毫无感情色彩的政治声明来回应关于他妻子被强奸的假想问题的原因。简言之，他在辩论中的回答或许根本不是失态，而是诚实地（不幸地）反映了他的依恋风格。

大多数政治家都是回避型依恋者吗

我还就成人依恋访谈中的问题采访了其他几位政治家——美国现任和前任国会议员，我惊讶地发现，他们的回答都与杜卡基斯类似，最符合回避型依恋风格的特点。

在给其中一位美国前任国会议员的成人依恋访谈结果打分后，林格尔医生在写给我的私人信件中提出了这样一个问题：回避型依恋的政治家在职场中会是害群之马吗？

这是一个有趣的问题，但是我也发现了一个例外：我的家乡纽约州罗切斯特市的年轻市长。当我去市政厅的办公室对她进行成人依恋访谈时，可爱的沃伦已经在这里当了三年的市长。

她回忆起了几个童年时期的重要事件：关于爱的故事（在一个温暖的家庭里，母亲会拥抱和亲吻我们，告诉我们她爱我们，父亲也会鼓励我做最好的自己。在难过的时候，我也会向父亲寻求安慰）；失去的故事（13 岁时，我发现父亲吸毒，后来父母分居了，我的生活“土崩瓦解”，我的童年在那天戛然而止）；创伤的故事（我跟在父亲后面跑，他上了车开走了，我尖叫道：“爸爸，你真的要选择毒品而不是我吗？”然后他离开了）；坚韧的故事（大学毕业后，我获得了法学学士学位，成了市议会的主席，35 岁时当选为市长）。

林格尔医生看了一遍我的采访手稿，确定这位市长是安全型依恋。她的评论如下：

> 尽管反映出她的自我很脆弱，但她的形容词都有证据证明；尽管很痛苦，但她能够认识到依恋经历对自己的影响；她对被拒绝的经历的描述具有思考性和洞察力，似乎表现出一种独立于父母的自我。

在我看来，我的市长就是一个最好的例子，说明早期的安全型依恋可以使个体更好地适应环境，帮助其应对人生中哪怕最严重的伤害和丧失。如果说“大多数政治家都是回避型依恋者”，那么沃伦市长就是一个例外：她是一个安全型依恋的领导者。未来，她能否利用自己的安全基地成为一个真正的变革型领导者，现在还很难说，但我会拭目以待。

当然，仅凭几次随机采访并不足以得出广泛的结论，但是人群中只有大约 25% 的人是回避型依恋，难道确实是我高估了回避型依恋在政治家中的比例吗？如果真的是这样，那是为什么呢？又会产生什么后果呢？

我可以看出，回避型依恋风格对谋求公职的人来说是一种优势。回避型依恋者倾向于自力更生——这是那些参加竞选的人的一个必要特征。即使是在长时间远离家乡和家人的情况下，他们也会表现得很好，这对那些在美国各州担任职务的人来说是必需的。在这个层面上，我想起了以色列的一项研究：在参加单打巡回赛的职业网球运动员中，回避型依恋预示着更高的排名。这项研究表明，职业网球是一项竞争激烈的体育运动，运动员需要频繁地出差，长时间远离家人和重要的朋友，这两个因素都依赖于运动员的自力更生。在政治领域，或许更是如此。

此外，回避型依恋的人往往不愿意相信他人，在一个看似充斥两面派和背信弃义的领域，这种特质可能会带来额外的优势。前美国国会成员提姆·彼得里（Tim Petri）对此也表示赞同。彼得里最近退休了，他代表威斯康星州东部的选区，在美国众议院工作了 36 年。20 世纪 80 年代初，在他任职期间，美国联邦调查局进行了一项名为“阿伯斯坎”（Abscam）的诱捕行动。在调查视频中，美国联邦探员录下了政客们收受一家欺诈性阿拉伯公司的贿赂以出租政治权力的过程。六名众议员和一名参议员因此获罪。“政客们必须有敏锐的嗅觉，能察觉到人们的动机，看出某些事情不对劲，”彼得里说，“所以，那些不愿信任他人以及对亲近他人持谨慎态度的人，很可能会在关键时刻说‘这听起来不太合适’，从而避免自己陷入麻烦。”

2016 年的美国总统大选似乎延续了这样的模式。

美国民主党派代表希拉里·克林顿倾向于保护自己，也不太信任他人，她在担任美国国务卿期间使用私人电子邮件服务器可能就是一个例子——这与回避型依恋的自我依赖和普遍不信任的特点相一致。她的竞选演讲虽然充满了政策的细节，但在大多数情况下并不振奋人心——这一点与迈克尔·杜卡基斯的演讲类似。在许多选民看来，克林顿的真实个性也很少在演讲中展现出来，这也符合回避型依恋不愿意自我表露的特点。

美国共和党派代表唐纳德·特朗普也表现出了与回避型依恋一致的特质：强烈的自我依赖，不承认自我怀疑，等等。如果说特朗普的主要目标在于获得认可，那么渴望成为公众关注的焦点则可能是其焦虑型依恋的证据，但是在他的案例中，似乎更多的是为了得到崇拜，这与回避型依恋是一致的。总而言之，这些证据的分量，特别是他极度明显的自我依赖，将使美国第 45 任总统跻身以回避型依恋为主导风格的政治家之列。

如果这种假设是正确的，即许多甚至大多数政客都是回避型依恋，那意味着什么呢？当然，这并不意味着美国没有有效的政治领导。迈克尔·杜卡基斯就是一名很成功的公务员，三次连任，被同僚们评为最佳州长，在州和国家层面上都有效地推进了良好的政策，至今仍活跃在公共事务领域，受到美国公民和政治领袖的尊敬。

但有效并不等于变革。这种罕见的领导方式似乎只属于那些安全型依恋的政治家，他们可以成为“更强大、更明智”的照顾者，特别是在危急时刻，他们可以为民众提供感情支撑，振奋他们的精神，并激发他们的全部潜能。在此，再重复一下研究人员菲利普·谢弗和马里奥·米库林切的研究结果：这样的领导者可以激发所有依恋风格的民众的“勇气、希望和奉献精神”。

回避型依恋的领导者的最大影响可能是，在很长一段时间里，我们必须忍受缺乏安全感的领导，在没有“更强大、更明智”领导者掌舵的情况下闭着眼睛过日子。我们可能会经历一种普遍的不安全感，而不是普遍的自信、和谐和幸福感。与此同时，这种缺乏还可能会引发不安和内讧，相互竞争的团体之间会经常爆发冲突。简言之，就像许多国家在历史上经历过的情况一样。

实际上，我们只能推测政客们的依恋风格。我们可以从他们的个人经历、公开声明以及在办公室内外的行为中找到线索。其他家庭成员的回忆录或记述是否透露了关于其童年早期的细节？谁是其主要的照顾者，他们之间的关系如何，是否遭到了重大的破坏？在他们的成年生活中，他们是否通常假定别人的意图是好的，直到被证明并非如此？——这也是安全型依恋的标志。他们与朋友、同事和职员的关系是否稳定和值得信赖？他们与配偶或其他重要他人的关系是否健康稳定？他们向公众传达的信息是否振奋人心、使其充满力量，而不是利己或分裂的？

这些因素本身并不能代表依恋风格——比如，许多政客表面上都维持着一段稳定的婚姻，结果却被曝光是花花公子，但综合来看，这些因素可能会反映出某种依恋风格，或安全或不安全。

即使没有变革型的领导者，我们也可以生活得很好，但是有的话会更好。在和平年代，他们可以帮助我们找到解决复杂社会问题的创造性方法，找到一种新的探索模式；在战争年代或金融危机时期，当我们确实需要“更强大、更明智”的领袖作为安全基地和避风港时，他们可以可靠地指导我们。因此，我们最好关注那些安全型依恋的候选人，他们至少有潜力成为变革型领导者。

附录：亲密关系体验测试

这份问卷由依恋研究者开发，共包括 36 个题目，旨在帮助你评估自己的依恋风格。所有问题都涉及你在情感亲密关系中的感受。

你需要回答的问题指向的是你通常的体验，而不限于当前关系中正发生的事情。你需要用数字 1~7 来表明自己同意或不同意这句话。1 表示“非常不同意”，7 表示“非常同意”。

计算你的得分可能很复杂，所以最简单的方法是在网上进行测试，你的分数会被自动计算，并在图表上显示出来。你可以登录网站 http://www.web-research-design.net/cgi-bin/crq/crq.pl 进行测试。36 个题目如下所示。

1. 对我来说，亲近我的另一半并不难。

2. 我经常担心我的伴侣不想和我待在一起。

3. 我经常担心我的伴侣不是真的爱我。

4. 在需要的时候向爱人求助是有用的。

5. 我经常希望我的伴侣对我的感情能像我对他的感情一样强烈。

6. 我很担心我的人际关系。

7. 我会和我的伴侣讨论事情。

8. 当我对伴侣表达我的感受时，我担心他不会产生同样的感受。

9. 我很少担心我的伴侣会离开我。

10. 我的伴侣似乎只有在我生气的时候才会注意到我。

11. 依赖爱人让我感觉很舒服。

12. 我很少担心会被遗弃。

13. 我的爱人让我怀疑自己。

14. 我发现我的伴侣不愿意像我想的那样亲近我。

15. 我害怕我会失去爱人的爱。

16. 我对亲近的渴望有时会把人吓跑。

17. 我担心自己比不上别人。

18. 我发现依赖爱人很容易。

19. 我不想让我的伴侣知道我内心的感受。

20. 我觉得和伴侣分享私人想法和感受很舒服。

21. 我担心伴侣不会像我关心他那样关心我。

22. 我发现自己很难依赖爱人。

23. 我担心一旦我的另一半了解我，他就不会再喜欢我了。

24. 我很喜欢和爱人亲近。

25. 我觉得对爱人敞开心扉不太舒服。

26. 我不想和爱人太亲密。

27. 当爱人想要跟我非常亲密时，我会感到不舒服。

28. 我觉得接近我的伴侣比较容易。

29. 我通常会和伴侣讨论我的问题和担忧。

30. 我什么都跟我的爱人说。

31. 有时，爱人对我的感觉会莫名其妙地改变。

32. 当伴侣不在身边时，我会担心他对别人感兴趣。

33. 当伴侣离我太近时，我就会感到紧张。

34. 对我来说，和伴侣亲热很容易。

35. 我没有从伴侣那里得到我需要的爱和支持，这让我很生气。

36. 我的伴侣确实理解我和我的需求。

术语表

成人依恋访谈（AAI）：一个长达一小时的结构化访谈，旨在评估成年人的依恋风格。

玛丽·艾斯沃斯（1913—1999）：加拿大发展心理学家，曾任约翰·鲍尔比的研究助理；艾斯沃斯开发了“陌生情境测验”，这是一种用来评估幼儿依恋风格的实验室程序。

焦虑型依恋风格：当儿童不确定父母或其他主要照顾者能否满足自己的需求时所形成的一种非安全的依恋模式。这通常是照顾者对儿童的需求反应不恰当和/或不一致的结果。焦虑型依恋的人往往渴望从伴侣那里获得高水平的亲密、认可和回应，并不断寻求安慰，但却难以信任他们。

依恋：连接一个人和另一个作为依恋对象的人的深厚而持久的情感纽带。

依恋对象：一个为他人提供依恋关系基本要素的人，即一个可以探索的安全基地，一个在恐惧和受伤时可以回归的避风港。依恋对象也是人们努力保持亲密关系的人。与依恋对象的分离通常会导致痛苦，并引发抗议。失去依恋对象会让人感到悲伤。

依恋风格：个体在幼年时期通过与照顾者的互动而形成的核心情感或人格结构，反过来又创造了一套关于关系的信念和期望，并成为后来亲密关系的原型。

依恋系统：人类和其他大多数哺乳动物在进化过程中形成的一种天生的行为系统，旨在通过接近有能力、可靠、能够提供支持和保护的照顾者来确保作为婴儿（幼崽）的自己免受危险。

依恋理论：一种解释婴儿和主要照顾者之间的情感纽带，以及这种纽带如何影响孩子的行为和情感发展的心理模式。依恋理论的创始人约翰·鲍尔比认为，依恋是不成熟、脆弱的婴儿接近父母，从而保护自己免受危险，并具有生存优势的一种方式。

回避型依恋风格：一种非安全的依恋风格，指的是对父母或其他主要照顾者能否满足自己的需求不再抱希望。这通常是由于照顾者始终未能提供敏感且可靠的照顾。具有这种依恋风格的个体很难信任他人，他们崇尚高度独立、自力更生，认为自己不需要亲密关系。

约翰·鲍尔比（1907—1990）：英国心理治疗师，依恋理论的创始人，毕生致力于依恋关系的研究。他的主要作品有“依恋三部曲”：1969 年出版的《依恋》（*Attachment*）、1973 年出版的《分离》（*Separation*）、1980 年出版的《丧失》（*Loss*）。

混乱型依恋：一种非安全的依恋风格，最常见的表现是婴儿对所依赖的照顾者产生恐惧。这可能是由于受到了疏忽或虐待，如婴儿成了孤儿或在被收容机构抚养的过程中缺乏应有的照顾。具有这种依恋风格的个体既高度回避又高度焦虑。在普通人群中，这种依恋风格的占比仅为 5%，但在受虐待儿童中的占比高达 80%。

获得性安全：当一个人本应因所受到的不可靠或无反应的照料而产生非安全型依恋但却获得了安全型依恋时，就会出现这种情况。这可能源于与一位支持自己的成年人的长期关系，如老师或教练，也可能源于治疗或是深度的自我反思，抑或是与一个安全型依恋的配偶或恋人的长期关系。

亲密关系体验测试：一份包含 36 个问题的问卷，基于对过去情感关系的回答来测量成年人的依恋风格。

内部工作模式：一种信念和期望，产生于孩子与照顾者之间的早期经验，涉及依恋对象的可用性及其在有压力的情况下提供支持的可能性。

抗议行为：婴儿的一种反应方式，例如当察觉到主要的照顾者不在时，他们就会哭闹；或者，一个人在被分手时会哭泣、争吵，甚至以自残或暴力的方式威胁对方，以回应即将失去的依恋对象。

寻求亲近：婴儿会努力与主要照顾者保持身体上的亲密接触或接近。成年人也会做出类似的努力来保持联结，或者至少要知道爱人和其他依恋对象去了哪里。

避风港：依恋关系的定义标准之一。对婴儿来说，当感到压力或面临威胁时，父母或照顾者就是一个安全的避风港，婴儿可以自信地向对方寻求保护和安慰。对成年人来说，如果有一个人可以在他需要时提供保护和支持，那这个人就是一个避风港。

安全型依恋：一种依恋风格，特征是孩子们相信父母或其他主要照顾者会满足自己的需求。这通常源于照顾者能够对孩子的需求做出适当且一贯的反应。安全型依恋的人通常在面对挫折时更有韧性、自尊水平更高（但不是膨胀）、能够很好地表达自己的需求、对亲密关系感到舒适，并且倾向于信任他人，能够拥有长期稳定的关系。

安全基地：依恋关系的定义标准之一。对婴儿来说，父母或照顾者就是一个安全基地，婴儿在这个人的照顾之下会觉得很安全，从而能够去探索和掌控周围的环境。对成年人来说，当他在一段关系中觉得安全的时候，他就可以放心地去冒险，这段关系中的另一方就成了他的安全基地。

陌生情境测验：心理学家玛丽·艾斯沃斯设计的一种实验室程序，用来评估一两岁婴儿的依恋风格。

结 语

当我开始探索依恋理论时，我并没有预料到在我写这本书的近六年时间里，生活中会发生这么多与依恋有关的事件。其中包括：我最主要的依恋对象——父亲的离世，以及不久之后我姐姐也突然离世。然而，在失去这些亲人的同时，我也有幸参加了我的两个女儿的婚礼，并成了外祖父。我还幸运地和一位安全型依恋的女士拥有了一段感情。

我开启探索依恋理论的旅程源于一段艰难的恋爱关系。回首过往，我觉得这段经历还不错，因为事实证明它是如此具有启发性。一开始，我并不知道整个依恋研究领域会有多广泛，也不知道它有多重要。

依恋很重要，因为它可以帮助我们了解自己。它解释了为什么我们经常会有某些感觉和行为，尤其是在面对不确定、恐惧或失去时。依恋的重要性还体现在可以帮助我们理解他人、建立和维持亲密关系，以及更好地应对不确定、恐惧或失去。它还能够帮助我们选择伴侣，并以尊重他们依恋需求的方式来对待他们。它还能够帮助我们学会宽恕，宽恕父母、伴侣或自己。除此之外，它还可以引导我们对孩子保持敏感和随时回应。因此，它可能是帮助所有人都过上更好的生活的新工具之一，因为当大部分人都理解依恋，并努力赋予下一代安全型依恋时，我们就会发现我们已经建立了一个更美好的世界。

在这本书里，我尽可能地把依恋理论解释清楚，并展示我们的依恋系统如何影响我们生活的方方面面。本书涵盖了依恋理论的很多领域，所以在结束之前，回顾一下那些看起来最实用和最有用的观点可能会有所帮助。

最重要的 10 项依恋功课

了解自己的依恋风格

就像了解自己的性格是内向还是外向一样，了解自己的依恋风格也会有所帮助。你可以做一下附录中的依恋测试（如第 2 章所讨论的），或者找一个有资格的人对你进行成人依恋访谈。然后，利用这本书中的信息来更好地理解依恋风格是如何影响你的想法、感觉和行为的。了解这些可以帮助你更好地调节情绪和行为，并预测你在某些情况下可能做出的反应，尤其是那些有压力或威胁的情况。

与你的依恋风格一起生活和工作

如果你足够幸运，在童年早期就拥有了安全型依恋，那你一定要心存感激，因为你对自我价值、亲密、有韧性且稳定的关系所产生的舒适感，往往都源于依恋安全感。

但是，如果你是非安全型依恋风格，也没有必要绝望，这并不意味着你的一生都将身陷关系地狱。一旦你知道了自己的依恋风格，知道它是怎么影响你的，你就可以预测事情会产生的影响，从而避免可能会诱发坏结果的情况，即使无法避免（比如分手、生病或亲人去世），你也能学会认识并调整自己的正常反应。

非安全型依恋风格有时也有自己的优势。比如焦虑型依恋的人对威胁很敏感，可以充当“哨兵”，遇到危险情况及时警告他人；回避型依恋的人倾向于自力更生和独立行动，他们可以充当“第一反应者”，快速找到应对危险情况的方法。

你可以努力改变自己的依恋风格

尽管大多数人一生都在同一种依恋风格中度过，但有些人是能够改变的。正如第 2 章所讨论的，非安全型依恋的人可以变成“获得性安全型依恋”。这种改变可能源于与一位长期支持你的成年人的关系，比如一位老师或教练，也可能是通过治疗和深刻的自我反思，也可能是通过一段非常用心的育儿经历，抑或来自与安全型依恋的配偶或恋人的长期关系。

试着赋予你的孩子安全型依恋

正如我们在第 6 章中所讨论的，我们不需要接受依恋育儿法的所有做法，但我们也不能忽视孩子有依恋需求这一事实，因为这其中的风险太大了。如果我们想培养一个情感健康的人，那至少要在孩子生命的头 18 个月甚至两年内，为他提供一个固定的依恋对象。这个角色不限性别：可以是母亲、父亲、祖父母、保姆或其他人，但一定要有人承担起这个角色。

成为依恋对象并不意味着要时刻与孩子在一起，而是当与他们在一起时，要保持敏感和同频，并确保我们信任的其他照顾者也能做到同频。依恋育儿法的核心行为是母乳喂养、把婴儿背在身上以及共眠，这些都有助于我们和婴儿保持足够的亲密，从而正确解读他们的暗示并做出回应。

儿童和家庭医生格伦·库珀观察到，“孩子们出生时并没有携带说明书——他们本身就是说明书，行为是他们表达需求的方式”。

记住，其他人也会受到我们依恋风格的影响

正如我们的行为反映了自身的依恋风格一样，其他人的行为也能反映出我们的依恋风格。正如前文所讨论的，意识到这一点有助于解释朋友、同事甚至运动队队友的行为。

回避型依恋的人不太愿意向朋友表达感情、与同事交往过密，或在篮球场上把球传给别人。相反，焦虑型依恋的人则可能会不断地向朋友过度吐露心事、对同事的排斥十分敏感，或者对在球场上受的小伤反应过度。

但是，如果我们能意识到这些行为中至少有一部分是由其依恋系统所致，那我们有时就可以帮助他们满足依恋需求，或者放他们一马。一个经验法则是：给回避型依恋的人更多空间，给焦虑型依恋的人更多安慰。

借助依恋理论找到合适的伴侣

没有什么神奇的公式能给你找到一个男朋友或女朋友，但由于恋爱是一种成人的依恋模式，因此考虑人们的依恋风格是有道理的。

我们在第 5 章中讨论过，即使是第一次约会，你也可以试着评估

对方的依恋风格。通常，安全型依恋的人是很容易相处的：他们乐观、放松、擅长聊天。他们不会隐瞒个人信息，但也不会过度透露，不会让你觉得他们“迫切需要你”。回避型依恋的人也不会过多地谈论感情或私事，他们会把注意力集中在工作或喜爱的球队之类的事情上。焦虑型依恋的人可能很有趣，也很有魅力，但这不是因为他们对对方真的感兴趣，而是因为他们害怕被拒绝——他们迫切希望别人喜欢他们，并给予他们安全感。他们倾向于过早透露个人信息，因此会给人一种十分需要对方或过于急切的印象。

任何人，无论其依恋风格如何，都可以成为一个很好的伴侣，但是某些依恋风格的组合要比其他的好。

回避型依恋与焦虑型依恋的配对（焦虑 – 回避陷阱）是最成问题的。如果双方都能意识到并愿意迁就对方的依恋需求还好，不然这段关系就可能会走向终点——中间充满了冲突、时断时续、分分合合纠缠不清。总而言之，至少有一方是安全型依恋的组合才是最好的。“如果你能找到一个安全型依恋的人，”心理学家哈里·赖斯说，“那你就多了几分幸福的可能。”

用依恋知识挽救一段感情

当伴侣不能满足彼此的依恋需求时，当他们不能成为彼此的安全基地和避风港时，这段关系就会受到威胁。加拿大心理治疗师苏·约翰逊在第 7 章中指出，争吵实际上是对情感疏离的抗议。这也是约翰逊开发情感聚焦疗法（EFT）的原因，这是一种基于依恋理论的咨询方法。

约翰逊解释说，使用情感聚焦疗法的治疗师会帮助伴侣重新建立一种合适的情感关系，一种安全的联结。现在，美国内外成千上万的咨询师都接受了这种疗法的培训。研究表明，这种疗法的成功率极高。很多咨询师在面对个人来访者时也遵循了同样的原则。

依恋理论除了会影响个人，还会对整个社会的政治和道德产生重大影响。例如，肯尼思·科沃（Kenneth Corvo）和埃伦·德拉（Ellen deLara）教授指出，“依恋理论提出了一个问题，即社会如何更好地创造‘人’”。他们问道，“我们的社会组织是为了帮助建立孩子和照顾者之间的健康纽带吗？”考虑到这些更深入、更广泛的社会问题，我总结了最后三个关于依恋理论的要点。

增加对亲职教育、带薪育儿假和日托的支持

依恋理论的提出者、英国心理学家约翰·鲍尔比在后来写的一篇文章中，对社会上普遍存在的人们对养育情感健康孩子的价值观表示很失望。他写道：

> 在所有的经济指标中，致力于物质产品生产的男人和女人的力量被看得很重要，但在家里培养快乐、健康和自立的孩子的效能却被忽视。我们创造了一个颠倒的世界。

要想改变这种混乱的状态，首先需要开展更好的亲职教育。那些将为人父母的人可以学习免疫接种、玩具安全和正确使用汽车座椅方面的知识，但是，他们该去哪里学习和婴儿保持同频，并及时做出回应呢？这些主题基本都属于依恋理论的范畴，理应成为常规亲职教育的一部分，而且最好及早学习，甚至可以在高中阶段就开设亲职必修课程，并将其作为常规产前护理流程的一部分。

一旦孩子出生，就没有什么比父母始终如一的照顾更重要的了，特别是在孩子 18 个月到 2 岁前，这是形成依恋关系的关键时期。美国

儿乎是唯一普及带薪育儿假的发达国家。目前,《美国联邦家庭和医疗假法》(*the Federal Family and Medical Leave Act*)规定，只有人数在50人以上的公司的全职员工才能享受12周的带薪育儿假。幸运的是，美国一些州政府出台了更宽松的政策，一些私营公司特别是高科技公司，现在提供了大量带薪育儿假的机会。例如，亚马逊公司（20周)、谷歌公司（5个月)、思科公司（5个月)，比尔及梅琳达·盖茨基金会提供一整年的带薪休假。我们应该倡导政府出台措施支持带薪育儿假。

日托也需要公共给予更多的支持。尽管儿童发展专家认为，婴儿一岁前应谨慎送托，但他们同时也认为，如果日托所能提供敏感的育儿方式，那对于要工作的父母来说，把幼儿和年龄稍大的孩子送到日托所也是一个不错的选择，甚至能促进孩子的发展。然而，这种假设的前提是有高素质的日托工作人员（可以解读孩子的信号)，而且工作人员与孩子的配比很高（1岁以下是1∶3，3岁以下是1∶4)，他们的工作状态也相对稳定，也就是说，孩子们的照顾者相对固定。

但在美国，许多日托所远远达不到这些标准，尤其是针对贫困儿童的那些。在一项研究中，仅有不到一半的美国儿童托管中心达到了美国公共卫生协会（American Public Health Association）和美国儿科学会（American Academy of Pediatrics）的最低标准，大多数托管中心的质量都堪忧。我们应该欢迎任何立法或政策，以提高日托服务的可获得性、可负担性和质量。

帮助混乱型依恋的高危儿童

当婴儿开始害怕他所依赖的保护和支持自己的照顾者时，就会产生混乱型依恋。在一般人群中，只有大约5%的儿童是混乱型依恋，但在那些生活贫困、被忽视或被虐待的高危儿童群体中，这种情况出现的概率高达 80% 或更高。

正如我们在第 3 章中所讨论的那样，由于普遍缺乏社交技能和行为自控能力，混乱型依恋和有分离障碍的孩子从学前到高中阶段可能都无法取得成功。这些孩子更容易产生对立行为、敌意和攻击性。在青春期和成年早期，这种依恋风格也是暴力犯罪的风险因素。

精神病学家托马斯·刘易斯和他的同事观察到：

> 那些仅得到最低限度照顾的孩子长大后可能会危害社会，曾经健康的他们在受到伤害后心中埋下了复仇的种子。

然而，研究人员已经开发出了一些干预措施，经过细致的研究，这些措施已被证明可以将混乱型依恋转变成安全型依恋。这些措施包括亲子心理治疗，在一年的时间里，治疗师每周都会与母亲和婴儿在他们的家中会面。在第 3 章中提到的一项研究表明，通过干预，混乱型依恋孩子的数量减少了一半以上。另一项名为“安全圈”（Circle of Security）的研究也取得了良好的效果，在这项研究中，家长们与工作坊的负责人会面，学习依恋理论和育儿技巧。

高危儿童群体的混乱型依恋不仅会对他们及其家庭产生影响，甚至对社会都可能造成巨大的危害。尽管进行干预的成本很高，但与辍学、暴力行为和犯罪相比，它的成本几乎微不足道。政府领导者应该慷慨地资助这些项目。

承认我们都有依恋需求

大多数成年人都不了解自身的依恋需求；实际上，承认依恋需求的存在与社会对成年人的期待背道而驰：成熟的标志是独立自主和自给自足，而依赖是一种弱点。然而，约翰·鲍尔比认为“有效依赖”

（我们也可以称之为相互依赖）和向他人寻求感情支持的能力并不是一种弱点，相反是一种力量的标志和源泉。

如果我们能够承认和接受人类的依恋需求，那我相信我们可以建立一个更健康、更和谐的社会。这需要态度上的逐步改变，但我们可以为此采取一些具体的措施。比如，那些负责规划和管理社区的人可以尽量不强调“自给自足”，而更多地强调邻里关系。一项被称为“新城市主义”的运动为我们带来了希望：它提倡建立有散步空间的社区、有公共绿地或其他公共空间且离街道更近的住宅。这项创新运动很有发展前景，例如，WeWork 公司为年轻的创业者提供了共享的工作空间，专门针对年轻人设计的新型公寓通常带有共享厨房和社交区域。而一些提供给老年人的类似的设计是最受欢迎的。还有一些社区的创新设计——“玩具图书馆”和“工具图书馆”，鼓励人们共享资源和加强联系。

但是，只有当意识到依恋的重要性时，我们的态度才会发生重大转变。作为社会中的一分子，如果我们能够做出这种态度上的转变，并不再否认我们由于生物本能而渴望的联结，那么通过相互依赖，我们就能拥有最强大的自我。

看着自己的孩子在痛苦中煎熬是一件很残忍的事情，但与此同时，我又很感激我的女儿瓦莱丽，她允许我进入产房，与她母亲、丈夫和姐姐一起迎接她第一个孩子的诞生。六年前，我在瓦莱丽的大学心理学教科书上第一次接触依恋理论，现在，我和她在医院里即将看到依恋理论的现实表达。

当瓦莱丽努力生产时，我感到既无助又兴奋：无助是因为我无力减轻女儿的痛苦；兴奋是因为可以亲眼看到自己的第一个孙辈的出生，这是一件多么神奇的事情啊！

突然间，一个女婴来到了这个世界上——一个无助的新生儿。我看到她的眼睛开始到处看，还挥舞着胳膊，哇哇地哭泣着，所有这些行为都是为了寻找一个可依恋的照顾者的保护。这个新生儿就是我的孙女，而我女儿就是她的照顾者，这份喜悦难以言说，为我所了解的依恋理论赋予了新的意义。

过了一会儿，她被抱过来放在了她母亲的乳房上，她们紧紧相依，瓦莱丽看着她的眼睛，温柔地给她喂奶。那一刻，我想起了一名依恋研究人员给我的建议：如果你想知道一个婴儿如何看待自己的母亲，可以听听乔·库克（Joe Cocker）唱的《你是如此美丽》（*You Are So Beautiful*），就好像那首歌是孩子唱给母亲的一样。

仅仅过了一年，当我完成这本书的编辑工作时，我的大女儿莎拉和她丈夫也有了他们的第一个孩子。经过长时间的分娩，一个健康的小伙子诞生了。这次我没能在产房陪产，但当我看到他们母子俩时，我惊叹于又一段同频、充满爱的依恋关系开始了。

除了祝福，我的女儿们和她们的丈夫还为这些美丽的孩子取了名字：玛雅·简——以我姐姐简的名字命名；安德鲁——沿用了我父亲的名字。这两个新生命以这种方式纪念了我在写这本书的过程中失去的两个人。

我经常会见到这些小家伙，对此我深表感激。当我看着他们长大，看到他们的父母竭尽全力地满足他们的依恋需求时，我祈祷这两个小家伙以及全世界的婴儿都能拥有安全型依恋，以及自信、坚韧和爱的能力，这将使他们受用一生。

译者后记

我家小区出门过一条马路，就是一条很长的河。在小时候的记忆中，它叫绵远河，如今大家都称它为“旌湖”，我所在的这个城市就是被这条河贯穿。从出生到高中毕业，再到后来回到这个城市工作、生活，我曾无数次经过这条河。

有时是上课的路上骑着自行车赶早自习的行色匆匆，有时是下课脑子里一边想着卷子上的错题，一边想着快点回家完成作业，后来就是赶去上班怕迟到被领导批评的焦灼，或是带着两个孩子一路追着他们在河边的草地上奔跑。

印象中我几乎从没有过一个人就那么静静地坐在河边的长椅上，感受风拂过柳叶的温柔，看河面粼粼的水纹，和清晨的阳光慢慢从云层中一点点穿透，然后把光捏碎成无数片，撒在河面上的样子。

生活中我们有各种各样的关系，我们总是忙着应付各种各样的人——父母、同事、领导、朋友、恋人，还有孩子。我们在各种关系里欢笑悲伤，期待绝望。我们会沉浸其中，体会幸福和兴奋，也会面对不得已的分离，甚至体会生命的悲凉。

对我来说，翻译这本书相当于一次重新审视自身亲密关系和依恋关系的机会。其实关于早期亲密关系对个体成年后的影响，已经有太多太多的文献综述、研究理论或者书籍著作，但这本书仍然给我提供了一个全新的视角。作者的语气亲切而温柔，用自述故事的形式娓娓道来，仿佛他就是一个身边的朋友在与你自然地聊天。

这本书从初稿到修改到定稿到最后出版经历了很长的时间，它的诞生过程对我而言非常有意义。更重要的是，在这段时间里，我慢慢发现了相对于处理人际关系和亲密关系，还有一件很重要的事就是处理和自己的关系。

一个人在独处的时候是一种什么样的状态，是会得自在，还是会因各种焦虑担忧害怕而无法自处，是一个很重要的心理健康指标。大自在是“举杯邀明月，对影成三人”的豪迈，是“归去，也无风雨也无晴”的洒脱，是“人间有味是清欢”的小确幸。我们不一定能达到这种“大自在”，却可以学会得小自在，学会体会自己，以及这样的自己与生活中人、事、物发生关系时的感受。良好的亲密关系必然是两个都能得小自在的人，相处获得的更自由自在的状态。

无论看到这本书的你是否处在亲密关系中，或者是否正在为亲密关系而苦恼，我都希望你最终能学会爱自己，与自己相处，得自在。

刘元

2021 年 11 月

The Attachment Effect：Exploring the Powerful Ways Our Earliest Bond Shapes Our Relationships and Lives

ISBN: 978-0-143-13242-4

北京阅想时代文化发展有限责任公司为中国人民大学出版社有限公司下属的商业新知事业部，致力于经管类优秀出版物（外版书为主）的策划及出版，主要涉及经济管理、金融、投资理财、心理学、成功励志、生活等出版领域，下设“阅想 · 商业”“阅想 · 财富”“阅想 · 新知”“阅想 · 心理”“阅想 · 生活”以及“阅想 · 人文”等多条产品线，致力于为国内商业人士提供涵盖先进、前沿的管理理念和思想的专业类图书和趋势类图书，同时也为满足商业人士的内心诉求，打造一系列提倡心理和生活健康的心理学图书和生活管理类图书。

《消失的父亲、焦虑的母亲和失控的孩子：家庭功能失调与家庭治疗（第 2 版）》

- 结构派家庭治疗开山鼻祖萨尔瓦多 · 米纽庆的真传弟子、家庭治疗领域权威专家的经典著作。
- 干预过多的母亲、置身事外的父亲、桀骜不驯的儿子、郁郁寡欢的女儿……如何能挖掘家庭矛盾的“深层动因”，打破家庭关系的死循环？不妨跟随作者加入萨拉萨尔一家的心理治疗之旅，领悟家庭亲密关系的真谛。

《原生家庭：影响人一生的心理动力》

- 全面解析原生家庭的种种问题及其背后的成因，帮助读者学到更多“与自己和解”的智慧。
- 让我们自己和下一代能够拥有一个更加完美幸福的人生。
- 清华大学学生心理发展指导中心副主任刘丹、中国心理卫生协会家庭治疗学组组长陈向一、中国心理卫生协会精神分析专业委员会副主任委员曾奇峰、上海市精神卫生中心临床心理科主任医师陈珏联袂推荐。

《原生家庭的羁绊：用心理学改写人生脚本》

- 与父母的关系，是一个人最大的命运。
- 我们与父母的关系，会影响我们如何与自己、他人及这个世界相处，这就是原生家庭的羁绊……
- 读懂人生脚本，走出原生家庭的死循环诅咒，看见自己、活出自己，而不是做别人人生的配角！

《亲子关系游戏治疗：10 单元循证亲子治疗模式（第 2 版）》

- 基于 30 年实证研究的游戏治疗权威指南，惠及千万家庭；缓解亲子关系压力、冲突及焦虑，有效提升孩子自尊与自信。随书配有培训手册、家长手册、实践手札。
- 作者作加里·L. 兰德雷思博士和休·C. 布拉顿博士是北美游戏治疗的领军级人物，创立了北得克萨斯州大学的游戏治疗中心。

《美好生活方法论：改善亲密、家庭和人际关系的 21 堂萨提亚课》

- 萨提亚家庭治疗资深讲师、隐喻故事治疗资深讲师邱丽娃诚意之作。
- 用简单易学的萨提亚模式教你经营好生活中的各种关系，走向开挂人生。

《如何成为般配的一对：亲密关系中的九型人格》

- 剖析 45 种人格伴侣组合，洞悉不同性格的伴侣在亲密关系中的行为特征。
- 破解亲密关系困扰，让你和伴侣之间多几分幸福的可能。
- 掌握情感沟通密码，获得高品质的亲密关系。

《共情的边界》

- 共情是上天赐予你的爱的能力，而不是可怕的诅咒。
- 如果你能掌控它，而不是为其左右，少一些“玻璃心”，多一点钝感力，那你就能放过自己，让自己活得轻松、自在些。

《徐凯文的心理创伤课：冲破内心的至暗时刻》

- 中国心理学会临床心理学注册工作委员会秘书长、北京大学临床心理学博士徐凯文十年磨一剑倾心之作。
- 我们假装一切都好，但事实并非如此。
- 受到伤害不是你的错，但从创伤中走出却是你的责任。